TUDUR OWEN

DANGOS FY HUN

CARDIFF
CAERDYDD

Cyfres Nabod

TUDUR OWEN

gyda Tudur Huws Jones

DANGOS FY HUN

Gwasg Gwynedd

Argraffiad Cyntaf — Tachwedd 2011

ISBN 978 0 86074 276 0

I SHARON A'R PLANT
T.O.

Dymuna'r cyhoeddwyr ddiolch i'r canlynol am eu cymorth caredig:
teulu Tudur; Einir Jones, S4C; Kevin Bland, Laughter Lines Comedy

Ffotograffau trwy garedigrwydd: Iolo Penri – clawr blaen, 43 (top de); Gerallt Llewelyn – 5, 32 (gwaelod), 37, 39 (top), 49 (de), 54 (top), 56, 58 (chwith), 60; Clare Waterfall Photography / clarewaterfall.com – 6; Baxters Photography – 33; Missionphotographic.com – 38 (top chwith); Geraint Todd Photography / www.gerainttodd.com – (38 top de); Keith Morris / www.artswebwales.com – 31 (de), 32 (chwith), 42, 43 (chwith), 45, 46, 48-49, 54 (de), 55, clawr cefn (gwaelod de); Warren Orchard / S4C – 38 (gwaelod chwith a de), 39 (gwaelod), 41, clawr cefn (PC Leslie Wynne); ©Marcus Ginns Photography – 59; Nigel Hughes Photography – clawr cefn (gwaelod chwith)

Dylunio: Elgan Griffiths

Mae'r cyhoeddwyr yn cydnabod cefnogaeth ariannol Cyngor Llyfrau Cymru.

Cyhoeddwyd gan
Wasg Gwynedd, Pwllheli

Cynnwys

Holi Tudur

Pwy sydd wedi dylanwadu fwya arnat ti? Mam a Dad.

Hoff fwyd: Bwyd Eidalaidd.

Hoff ddiod: Guinness neu win coch.

Atgof cynta: Diwrnod digwmwl ar ffarm Trefri yn sir Fôn.

Hoff le: Trefri.

Hoff wlad dramor: Yr Unol Daleithiau.

Hoff ddigrifwr: Mae hyn yn newid yn aml, ond ar hyn o bryd, Stewart Lee.

Hoff raglen deledu: *Family Guy*.

Hoff ffilm: *The Godfather*.

Hoff chwaraeon: Rygbi.

Hoff gerddoriaeth/CD: Fedra i ddim dewis, achos mae hyn hefyd yn newid o un awr i'r llall. Mae'r we wedi ngalluogi i i greu casgliad eang o fy hoff gerddoriaeth – o Stevie Wonder i Muse i Sibrydion.

Hoff berfformiwr o fyd adloniant Cymraeg: Charles Williams.

Sgìl yr hoffet ei chael: Clust gerddorol. Mi fedra i chwarae piano ar ôl ista am oriau'n dysgu darn. Mae fy merch Martha wedi cael y ddawn o rywle, a dwi'n eiddigeddus iawn ohoni.

Hoff amser o'r dydd: Ar ôl i bawb arall fynd i'r gwely. Dwi'n cyflawni mwy mewn dwyawr yr adeg yna nag yn ystod gweddill y dydd.

Hoff dymor: Y gaeaf, achos dydi o byth yn siomi.

Sut wyt ti'n ymlacio? Potsian efo cwch ar y Fenai. Mae'r llanw a'r tywydd yn rheoli popeth, ac mae'n 'y ngorfodi i gymryd amser a pheidio brysio.

Ofnau: Ceffylau – hen betha mawr heglog; pryfaid cop – ych a fi! (Mae unrhyw fath o *creepy crawly* yn gneud i mi redeg milltir.)

Teclyn *na* fedri di fyw hebddo: Y ffôn, yn anffodus.

Teclyn yr hoffet ti *fedru* byw hebddo: Yr uchod.

Hoff ffordd o deithio: Trenau, pan fyddan nhw'n rhedeg yn ddidrafferth.

Hoff wyliau: Sgio.

Sut hoffet ti gael dy gofio? Fel tad da yn fwy na dim. Ac os bydda i wedi llwyddo i neud i'r rhan fwya o nghynulleidfaoedd i chwerthin o leia unwaith, mi fydda hynna'n beth braf hefyd.

Hanner gwag 'ta hanner llawn ydi dy wydr di? Mae ngwydr i'n llawn i'r top fel arfer. Mae 'na rai wedi deud mod i'n rhy optimistig, ond dwi'n meddwl fod hynna'n well na bod fel arall.

Plentyndod

Ges i fy ngeni ar 22 Mai 1967 yn Ysbyty Dewi Sant, Bangor. Fi oedd trydydd plentyn Iolo a Gweneth Owen, Trefri, Bodorgan, Ynys Môn. Roedd Elen a Richard wedi dod i'r byd o mlaen i, felly am gyfnod fi oedd tin y nyth. Mi oedd o'n gyfnod braf ac mi o'n i'n cael fy sbwylio, cyn i'r chwiorydd eraill – Ann a Mary – gyrraedd a drysu popeth!

Trefri oedd fy nghartref nes o'n i'n ddeunaw oed, ond mi fuo 'na ryw gyfnod od pan o'n i rywle tua'r un ar bymtheg 'ma pan ddaru Mam a Dad brynu tŷ reit fawr, Tir na-Nog, wrth ymyl Bethel, sir Fôn. Fy nhad, fel mae o – rêl dyn busnes – yn gweld cyfle. Mae'r tŷ fatha plasdy, mewn gwirionedd, ac mae'n rhaid ei fod o'n fargen. Ac mi wnaeth Mam gymryd at y lle yn arw achos roedd 'na erddi bendigedig yno. Felly, mi aethon nhw â fy chwiorydd i fan'no i fyw, ond mi wnes i benderfynu aros efo fy mrawd, Richard, oedd yn ffarmio yn Trefri – neu Drefri, fel mae pobol leol yn galw'r lle.

Mi ges i gyfnod o fyw bywyd eitha difyr yn fan'no. Ond weithia mi fydda Mam yn clywed be oedd wedi bod yn mynd ymlaen ac mi fyddwn yn cael ordors i fynd i fyw at weddill y teulu am gyfnod. Rhyw bartis ac ati oedd yn digwydd – dim byd rhy ddrwg.

Mi ges i fagwraeth freintiedig tu hwnt, dwi'n gwbod hynny, ac ro'n i'n

Tin y nyth efo Elen a Richard

Rich, Mam, fi ac Elen

Diwrnod digwmwl yn Trefri

gwbod ar y pryd mod i'n lwcus iawn iawn i gael byw yn Trefri. Ro'n i'n ffrindia efo hogia pentra Berffro (Aberffraw) yn yr ysgol ac yn dallt yn iawn nad pawb oedd yn byw ar ffarm, mewn tŷ mawr, ac efo'r holl adnoddau oedd gynnon ni. Fydda hogia Berffro'n deud: 'Ia, Tudur Drefri . . . digon o bres gin ti. Dy dad yn filionêr.' Fyddwn i'n clywed hynna'n aml, a rhieni'r plant weithia'n deud: 'O, Tudur Drefri 'di hwn – digon o bres gin *hwn*.' Roedd 'na ryw agwedd felly drwy'r amser, ac mi oedd hi'n od tyfu i fyny efo hynny. Do'n i ddim yn ei lecio fo – nid ei fod o'n gas na negyddol, doedd o ddim. Nid dyna oedd o. Ond dwi'n cofio meddwl, dydw i ddim 'run fath â pawb arall.

Ar lannau afon Ffraw – diolch byth bod neb o gwmpas!

Ro'n i'n byw ryw ddwy filltir allan o'r pentra i ddechra. Roedd hynny hefyd yn effeithio ar y ffordd ro'n i'n meddwl am betha, achos roedd yn rhaid i rywun fy nôl i o'r ysgol ac ro'n i'n gorfod mynd yr ochr draw i'r tywyn i ganol le'm byd tra oedd yr hogia eraill yn cael mynd adra am de ac yn syth allan i'r stryd i chwarae wedyn. Ro'n i'n gorfod trefnu i fynd i lawr i'r pentra i chwarae efo nhw, a finna'n ysu am gael bod lawr yn y pentra drwy'r adeg. O'r diwedd, pan o'n i tua saith oed, mi ges fynd yno ar fy meic, sy'n eitha ifanc rŵan i adael i blentyn fynd ddwy filltir ar ei ben ei hun! Ond roedd hi'n oes wahanol.

Oedd, roedd pentra Berffro'n bwysig i mi. Roedd o fel un maes chwarae anferth. Roedd gynnon ni'r traethau a'r twyni tywod, y creigiau a'r afon a'r pentra, a phob math o lefydd eraill – paradwys i blentyn. Wrth edrych yn ôl rŵan, mi fydda i'n meddwl, ocê, mae fy mhlant i'n freintiedig, ond mi ges inna blentyndod anhygoel hefyd.

Doeddan ni'n meddwl dim am Gymreictod y lle ar y pryd, a doedd 'na ddim gair o Saesneg o un pen o'r wythnos i'r llall. Mae gen i gof, pan o'n i'n saith neu wyth oed, fod 'na hogyn o berfeddion Lloegr wedi dod i'r ysgol a ninna'n cael trafferth cyfathrebu efo fo, ond o fewn rhyw ddeufis roedd o'n medru sgwrsio yn Gymraeg. Fedra pawb arall ddim siarad Saesneg yn iawn, wrth gwrs, felly doedd 'na'm ffordd arall iddo fo allu ymuno mewn dim, a dwi'n cofio'r bobol mewn oed yn deud ei fod o wedi gneud yn dda 'a fynta'n Sais rhonc'.

Mae Drefri led dau gae o'r môr, ac mae yno

Fuo petha byth 'run fath ar ôl i'r ddwy fenga gyrraedd

draeth – lan môr Drefri ydan ni'n ei alw fo ond Porth Ceffylau ydi'i enw fo go iawn. O Ben Parc (lle mae Morfa Malltraeth yn dechrau) hyd at Rosneigr, mae 'na sawl porth bach efo enw anhygoel – Porth Iago, Porth China, Porth Cadwaladr, Porth y Cwch ac yn y blaen. Dwi'n nabod pob twll a chornel o'r rheina – pob ogof, pob traeth, pob dim – ac yn gwbod eu henwau nhw i gyd. Er enghraifft, ym mhen draw lan môr Berffro mae 'na garreg fawr, a Craig y Dewin oeddan ni'n ei galw hi.

Roedd Mrs Clarke, yr athrawes yn yr ysgol bach, yn un dda iawn am roi hanes Branwen ac ati i ni – unrhyw beth oedd â chysylltiad â'r ardal. Roedd hi'n adrodd chwedlau ac yn cysylltu'r rheiny efo'n cynefin ni, a dwi'n cofio y bydda 'na wastad gyfeiriad at Berffro fel lle arbennig o ran ei hanes, a'i fod o wedi bod yn lle pwysig iawn ar un adeg.

Fyddwn i hefyd yn chwarae o gwmpas y ffarm efo fy mrawd, Richard – am fod raid i mi! Perthynas dau frawd oedd gynnon ni. Hynny ydi, 'run fath ag unrhyw ddau frawd am wn i, roeddan ni'n ffraeo ac yn cwffio. Roedd o'n un fydda'n lecio mynd i lefydd ar ei ben ei hun, am ei fod o'n hŷn na fi ella – mae 'na dair blynedd rhyngddon ni, a phum mlynedd rhwng Elen, fy chwaer hyna, a fi.

Un brawd oedd gan Mam a doedd gan Dad ddim brawd na chwaer, ond eto dwi'n cofio bod 'na lawer o antis a llawer o ferched yn dod acw, neu ni'n mynd i'w gweld nhw. Mi oedd gan Dad hen fodryb oedd yn byw yn Berffro

Ann, fi a Mary. Gwenu am fod raid i mi!

Anti Katie –
4' 9" a dwylo fel
asbestos!

ac mi fydda hi'n dod draw i Drefri bob penwythnos. Merch i chwarelwr o Ddeiniolen oedd Mam ac mi fydda'i theulu hithau'n dod draw acw'n aml. Dwi'm yn cofio 'run taid na nain, ond dwi'n cofio un hen anti – Anti Katie – chwaer fy nain. Roedd hi'n ddynes arbennig iawn. Dynes fechan oedd hi ac wedi cymryd ata i am ryw reswm, ac mi fyddwn yn cael mynd i aros ati am y penwythnos yn aml iawn.

Mi fydda 'na fwrlwm yn Drefri drwy'r amser – lot fawr o fynd a dŵad. Dwi'n cofio bod Dad yn teithio lot, a Mam hefyd – y ddau'n mynd i lefydd yn eu gwahanol feysydd. Teithio efo byd amaeth fydda Dad. Dwi'n ei gofio fo'n mynd i Awstralia am dri mis pan o'n i'n bedair neu bump oed, wedi cael rhyw fath o ysgoloriaeth i fynd yno i astudio ffyrdd gwahanol o fagu defaid.

Dwi hefyd yn cofio Mam a Dad a mrawd a'm chwaer yn mynd i Dde Affrica pan o'n i tua pedair oed ac yn rhy fach i gael mynd efo nhw. Mi es i aros i Ddeiniolen at Anti Katie am tua tair wythnos. Mae gen i gof o fynd i Stesion Bangor i'w cyfarfod nhw a finna'n teimlo'n swil, a Mam yn ypsetio am bo fi'n cuddio tu ôl i Anti Katie!

Ffarmio

Er mod i'n fab ffarm, doedd gen i ddim diddordeb o gwbl mewn ffarmio, ac mi wnes i sylweddoli hynny'n ifanc iawn. Ro'n i'n gwbod be oedd isio'i neud o gwmpas y ffarm ond doedd gen i ddim math o ddiddordeb, a dim syniad chwaith be oedd *pwrpas* gneud rhai o'r petha. Er enghraifft, ro'n i'n gwbod sut i ddipio defaid ond oedd gen i ddim clem pam, achos mi fydda Dad jest yn deud 'gwna hyn' neu 'agor y giât 'na'. Do'n i'm yn gwbod chwaith pam bo ni'n gorfod symud defaid o un cae i'r llall.

Fedrwn i'n sicr ddim gweld sut oedd modd gneud bywoliaeth allan o ffarmio. Sut basa rhywun yn cael ei dalu am y gwaith? Hyd heddiw, dwi'm yn gweld pam y basa neb yn *dewis* gneud hyn o ran ei fywoliaeth. Mae o'n fywyd rhy unig gen i.

Ond mi fyddwn i'n mwynhau mynd i'r lle sêl yn Llangefni, a dwi'n cofio gweld ocsiwnïar yn fan'no a meddwl, dyna job dda fasa honna. Roedd y lle fel amffitheatr, ac

Combeinio yn Trefri. Edrych mlaen i gael llithro i lawr efo'r sachau haidd

roedd 'na gyffro mawr yno – rhyw stumiau ac arwyddion cyfrin, a dipyn o berfformiad hefyd gan yr ocsiwnïar. Do'n i ddim yn gallu dychmygu bod 'na unrhyw fyd ar wahân i'r byd amaeth, ond dyma fi'n meddwl, ew, dyna fedrwn i fod – ocsiwnïar – ac am hir iawn dyna o'n i isio bod.

Rheswm arall pam ro'n i'n casáu ffarmio oedd mod i'n gwbod, ar ddydd Sadwrn, fod fy ffrindia ysgol i'n gorwedd yn eu gwelyau neu'n gneud rywbeth difyr tra o'n i'n gorfod gweithio ar y ffarm. Roedd Dad yn sicrhau bod 'na ddigon o betha i mrawd a finna eu gneud ar benwythnosau, ac yn cadw ambell joban tan hynny er mwyn cael ein help ni, yn enwedig ar gyfnodau prysur fel y tymor wyna. Yn nes ymlaen, daeth hynna'n destun tynnu'n groes rhyngdda i a 'nhad. Pan o'n i yn fy arddegau roedd hi fel diwedd y byd acw – ro'n i'n casáu pawb a phopeth – yn enwedig ffarmio!

Roedd yr ysfa i gael mynd i'r pentra at yr hogia i chwarae yn corddi o hyd. Mi oedd 'na griw o tua chwech ohonon ni oedd yn agos iawn ac yn gneud pob dim efo'n gilydd. Oeddan ni'n mynd i'r afon i nofio am ei bod hi fymryn yn gnesach yno na'r môr, ac yn agosach. Dwi'n cofio rhyw graig yng nghanol yr afon – Creigan Boddi Cathod oedd yr enw arni – ac achos bod y dŵr yn mynd rownd y greigan yma roedd o'n creu pant yn y tywod, ac roedd hwnnw'n bwll nofio naturiol i ni.

Pan oeddan ni'n hŷn roeddan ni'n mentro mwy am y traeth a'r môr.

Mi oedd hogia'r pentra'n gwbod am y llefydd gorau i fynd i sgota neu granca achos bod eu tadau a'u teidiau wedi'u dysgu nhw. Fydda rhai'n gosod lein hir efo bachau arni ar draws ceg yr afon yn y nos, ac yn mynd yno yn y bora i weld oedd 'na bysgod arni. Roedd hwnnw'n brofiad cynhyrfus. Dwi'n cofio rhai ohonon ni'n mynd yno un tro am saith o'r gloch y bora i weld y lein, a gorfod cerdded allan i'r dŵr yn ein tronsiau! Ro'n i wrth fy modd. Dal bàs oedd y nod, ond dwi ddim yn cofio i neb ddal dim byd 'blaw am dogffish.

Mi fyddan ni'n hel gwichiaid hefyd, a bydda'r hen wragedd yn eu gwerthu nhw. Dwi'n ffeindio fy hun yn sôn am y petha yma wrth fy mhlant rŵan, ac maen nhw'n sbio'n hurt arna i. Mae'n siŵr mod i'n swnio'n hen hen iddyn nhw, ond fel deudish i, mi oedd hi'n oes wahanol.

Tudur y mab, gan ei dad, Iolo Owen

(Ffarmwr wedi ymddeol, os ydyn nhw'n ymddeol o gwbl!)

Mi oedd Tudur yn hogyn reit dda pan oedd o'n blentyn. Fuo 'na rioed drwbwl efo fo – wel, dim trwbwl mawr iawn, beth bynnag. Roedd o'n un reit ddireidus fatha pob hogyn, am wn i. Chydig

yn fwy direidus na'r cyffredin, ella, ond doedd o ddim yn hogyn drwg o gwbl. Dwi'n falch iawn ohono fo a be mae o wedi'i neud, fel dwi'n falch o'r lleill – maen nhw i gyd wedi gneud yn dda yn eu petha'u hunain.

Wnaeth Tudur fawr ddim byd ohoni yn yr ysgol – chafodd o ddim llawer o bleser mewn addysg ffurfiol. Roedd Gweneth, ei fam, yn athrawes ac roedd hi'n gwybod yn iawn fod gynno fo ddigon o dalent a digon o ddychymyg. Ond doedd o ddim isio gwneud fawr ddim yn yr ysgol. Mi ffeindiodd ei lwybr yn y diwedd.

Mi fuo fo'n sôn ryw dro am wirfoddoli efo'r VSO yn Affrica, ond roedd o'n rhy ifanc ar y pryd. Fuodd 'na sôn wedyn am fynd i'r fyddin, ac mi ddaeth y *recruiting sergeant* yma a gofyn pam ei fod o isio ymuno. 'I gael mynd o gartra,' medda Tudur. 'Nid dyna be mae'r fyddin yn da,' medda hwnnw.

Mae Tudur wedi defnyddio'r stori amdano fo'n arddangos maharan yn y Sioe Frenhinol ac yn cyfarfod Princess Margaret yno, yn ei sioe gomedi ei hun. Dyma be ddigwyddodd go iawn:

Mi oedd o tua deuddeg oed ar y pryd, ac roedd ganddo fo'r faharan *badger face* 'ma. Fi oedd yn trio'i gael o i ddangos diddordeb, ond doedd gynno fo fawr ddim. A deud y gwir, wedi cael ei fagu efo defaid eraill oedd y faharan, ond dyma benderfynu ei ddangos o yn y sioe. Beth bynnag, aeth Princess Margaret at Tudur am mai fo oedd yr ieuengaf o dipyn i arddangos yn yr adran. Mi ofynnodd be oedd enw'r maharan, a dyma Tudur yn deud, 'Roddy Llewelyn' – sef y boi roedd hi'n

Fi, Mary, Mam, Ann a Rich

Teulu Trefri

cyboli efo fo ar y pryd! Mae Tudur yn deud mai fi ddeudodd wrtho fo am ddeud, ond dydi hynna ddim yn wir!

Wedyn, dyma Hywel Gwynfryn yn ei holi fo i gael gwybod be oedd y Dywysoges wedi'i ddeud wrtho fo. 'Wnaeth hi ofyn rwbath go gall i ti?' meddai Hywel.

'Naddo,' medda Tudur. 'Rwbath yn debyg i chi.'

Do'n i ddim yn siomedig o gwbl nad aeth o i ffarmio. Does 'na ddim byd gwaeth na rhywun yn gneud job 'dio ddim isio'i gwneud. Mi oedd o'n ddigon naturiol iddo fo fynd i neud y busnas comedi 'ma achos roedd ganddo fo ddigon o hunanhyder erioed. Roedd o'n gwrando ar bob math o bobol pan oedd Glantraeth gynnon ni [y bwyty lle cynhelid adloniant Cymraeg bob wythnos]. Rhai fel Charles [Williams] Bodffordd. Mi fydda Tudur yn mynd i'r fan i wrando ar dâp o Charles wrthi, ac roedd o wrth ei fodd. Mi oedd o hefyd yn medru gwatwar pobol yn reit dda. Mae Llew Llwyfo yn perthyn i'r teulu – mi oedd o'n frawd i hen nain i mi – ac mi fydda i'n meddwl am Tudur weithiau fel *reincarnation* ohono fo.

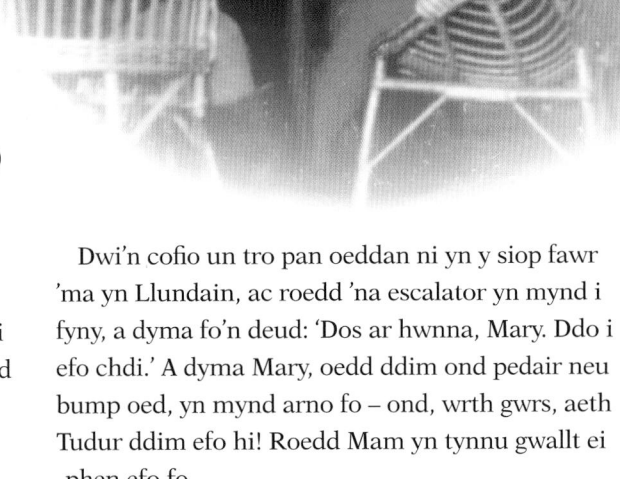

Pawb yn hapus cyn i'r morthwyl ddod i lawr!

Tudur fy mrawd, gan Ann ei chwaer ieuengaf

(Gwraig ffarm, gwraig fusnes a mam i dri o blant)

Mae 'na bum mlynedd rhyngddon ni. Un o'r atgofion penna sydd gen i ohono fo pan oeddan ni'n blant ydi ei fod o ar ben coedan neu ar ben to drwy'r amser, neu felly roedd o'n ymddangos i mi. Yn dringo rwbath o hyd. O ran oedran, roedd Elen a Richard efo'i gilydd, a Mary a finna efo'n gilydd, a Tudur ar ei ben ei hun yn y canol yn creu hafoc.

Ond prif ddiléit Tudur pan oedd o'n hogyn bach oedd gneud i Mary a fi grio – bob dydd. Roedd un ohonon ni'n crio neu'n gweiddi drwy'r adeg. Mary oedd yn ei chael hi waetha. Mi fydda fo'n deud wrthi am roi ei bys yn nhwll y *cigarette lighter* yn car Dad, er enghraifft, neu'n rhoi pinsiad slei iddi.

Dwi'n cofio un tro pan oeddan ni yn y siop fawr 'ma yn Llundain, ac roedd 'na escalator yn mynd i fyny, a dyma fo'n deud: 'Dos ar hwnna, Mary. Ddo i efo chdi.' A dyma Mary, oedd ddim ond pedair neu bump oed, yn mynd arno fo – ond, wrth gwrs, aeth Tudur ddim efo hi! Roedd Mam yn tynnu gwallt ei phen efo fo.

Pan oedd o'n hogyn ifanc, a ninna'n cael cinio dydd Sul efo'n gilydd, fo o hyd oedd yn deud y storis. Hyd yn oed yr adeg honno, roedd o'n perfformio. Dwi'n falch iawn o'i lwyddiant ond mae'n eironig mai gneud i ni chwerthin mae o rŵan, yn lle gneud i ni grio!

Ann a'r efeilliaid, Sara a Gwen

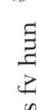

16

Tudur y wariar, gan Richard ei frawd mawr

(Fo sy'n ffarmio yn Trefri rŵan)

Un stori dwi'n gofio am Tudur ydi honno amdano fo'n mynd yn sownd mewn ryw ogof yn ymyl Drefri 'ma pan oedd o tua deg oed. Rhyw fath o hollt yn y graig ar lan y môr oedd hi mewn gwirionedd, ac roedd 'na stori ei bod hi wedi cael ei defnyddio gan smyglwyr erstalwm, a'i bod hi'n cyrraedd yr holl ffordd at y tŷ. Beth bynnag, mi aeth Tudur yn sownd o gwmpas ei ganol yn yr hafn 'ma, a fedrwn i mo'i gael o o 'na. Mi oedd hi o dan lefel y llanw hefyd – hynny ydi, mi fasa'r llanw'n dod dros Tudur os na allwn i ei gael o 'na, a dim ond fo a fi oedd yno ar y pryd. Mi fuon ni'n trio am hir, ond roedd o'n hollol sownd. Felly dyma fi'n mynd ar ras i fyny i'r tŷ i ddeud be oedd wedi digwydd, a phawb yn rhuthro i lawr mewn panic mawr. Ond pwy oedd yn dod i'n cwfwr ni fel tasa dim byd o'i le ond Tudur. Mi oedd o wedi llwyddo i gael ei hun yn rhydd rywsut.

Mi oedd o'n dipyn o wariar, a wastad ryw firi efo fo. Mi fydda'n mynd ar foto-beic y ffarm cyn iddo fo gael un ei hun, ac mi fydda'n mynd yn bellach ac yn bellach bob tro – yn pwshio'r ffiniau – a'r plisman yn dod â fo a'r beic yn ôl yn amal iawn.

Dydi o ddim yn hoff iawn o gŵn. Dwi'n cofio rhyw gi defaid oedd gynnon ni'n ei frathu. Mae'n rhaid bod Tudur wedi trio dal y ci ac wedi cael gafael yn ei groen neu ei flew o, a dyma fo'n troi ar Tudur a chythru amdano fo. Fuo raid iddo fynd i'r ysbyty i gael pwythau yn ei frest y tro hwnnw.

Tricia Tudur, gan Mary ei chwaer fach

(Mae Mary a'i gŵr, Geraint, sy'n wreiddiol o Lanfair Pwllgwyngyll, yn byw yn Sydney ers 1997. Mae hi'n athrawes ysgol gynradd, ac mae ganddyn nhw ddau o hogiau – Tomos, sy'n dair, a Jac, sy'n chwe mis.)

Oedd, mi oedd o'n gneud i mi grio bob dydd os

Fi a mrawd mawr

Dydi Mary ddim i weld yn dal dig, nacdi?

tudur owen | dangos fy hun

medra fo. Yn rhoi *Chinese burn* i mi, neu'n gneud i mi neud petha gwirion. Mi oedd gynnon ni hen beiriant malu gwenith yn un o'r cytiau, a dyma Tudur yn deud wrtha i, 'Mary, dyro dy fys yn fan'na' – a finna'n ddigon gwirion i neud fel roedd o'n deud. Wrth gwrs, pan rois i fy mys i mewn mi drodd Tudur handlan y peiriant a dyma rwbath yn dod i lawr a crysho fy llaw i. Ew, mi oedd o'n brifo!

Mae gen i graith ar fy mhen hefyd, a dwi'n deud mai bai Tudur oedd honno ond mae o'n gwadu. Syrthio wnes i, ond dwi'n siŵr mai fo ddaru ngwthio fi!

A'r tro hwnnw yn y siop fawr 'ma yn Llundain pan ddeudodd o wrtha i am ei ddilyn o ar yr escalator. Mi aeth o i ffwrdd a ngadael i, ac mi es inna i fyny dau lawr reit i'r top, ac ro'n i ar goll am ddwy awr. Tua pump oed oeddwn i ar y pryd, a do'n i ddim yn gallu siarad Saesneg! Felly, dyna lle ro'n i'n crio tan ddaeth 'na ddynes o dde Cymru yn y diwedd a deall be o'n i'n ei ddeud.

Mi oeddan ni'n cael hwyl hefyd, wrth gwrs. Am ei fod o dair blynedd yn hŷn na fi, mi oedd genod fy oed i i gyd yn ei ffansïo fo yn yr ysgol ac isio dêt efo fo. Roedd o'n chwarae dryms mewn rhyw grŵp yn yr ysgol, ac mi oedd o'n dipyn o hync gan y genod!

Mi ydan ni'n dod ymlaen yn dda iawn erbyn hyn. Roedd Tudur yn rhannu tŷ efo fi am flwyddyn ym Mangor, pan o'n i yn y coleg a fynta'n ffensio.

Y dyddiau yma, mi fyddwn ni'n siarad efo'n gilydd yn reit aml ar Skype, ac mi fydda i'n cael DVDs o'i sioeau teledu achos dydi S4C Clic ddim yn rhyngwladol. Ond mi fydda i'n gallu gwrando ar ei raglen radio ar y cyfrifiadur. Mae'n handi os dwi wedi anghofio pen-blwydd rhywun – dwi'n

gallu gofyn i Tudur chwarae cân iddyn nhw!

Mae'n od, achos pan o'n i'n gadael Cymru, ffensio oedd Tudur, a 'merch Iolo Drefri' o'n i. Ond rŵan bod Tudur yn llwyddiannus iawn, 'chwaer Tudur Owen' ydw i.

Mi oeddwn i ar lan y môr yn Sydney chydig yn ôl a dyma'r ddynes 'ma o Wrecsam yn fy nghlywed yn siarad Cymraeg efo Tomos, a holi o le ro'n i'n dod. Dyma fi'n deud wedyn bo fi'n cael gweld ambell raglen deledu ar DVD, a bod fy mrawd yn cymryd rhan.

'O? Pwy ydi'ch brawd chi, felly?' medda hi.

'Tudur Owen,' medda finna.

'O! Dach chi 'rioed yn chwaer i Tudur Owen!' oedd hi wedyn.

Dwi'n cofio rhyw brawf mewn papur newydd – math o brawf IQ – ac mi wnaeth pawb yn y teulu roi cynnig arno fo. Mi fasach chi'n disgwyl i Elen, sy'n fargyfreithwraig, neu fi, sy'n athrawes, neud yn dda ynddo fo ella, ond Tudur wnaeth orau ohonon ni i gyd. Mi o'n i'n gwbod bod ganddo fo ddigon yn ei ben flynyddoedd yn ôl, ond nad oedd o wedi ffeindio be oedd yn ei siwtio fo yn yr ysgol.

Ysgol Bodedern

Fel mae plant yn mynd yn hŷn, mae eu byd nhw'n mynd yn fwy ac yn fwy fesul cam. Bỳs Langefni oedd y peth mawr pan o'n i tua euddeg oed, ac mi oedd dechrau yn Ysgol

Uwchradd Bodedern a chyfarfod â phobol o Gaergybi a Llannerch-y-medd a llefydd felly'n sicir yn gneud byd rhywun yn fwy. Roedd yr ynys wedi mynd yn fwy yn sydyn iawn.

Ond dwi'n cofio meddwl hefyd fod 'na gyfnod wedi dod i ben pan es i i Ysgol Bodéd. Mi wnaeth o nharo fi'n syth.

Hyd yn oed heddiw, dwi'n credu fod yr athrawon wedi cael *pep talk* cyn i ni gyrraedd, ac wedi cael ordors tebyg i 'peidiwch â rhoi modfedd iddyn nhw!' Roeddan nhw am ddangos pwy oedd y bòs o'r munud cynta. Argian, roedd o'n sioc i'r system. Roeddan nhw i gyd yn sefyll yno wrth i ni gyrraedd, yn gweiddi arnon ni wrth i ni ddod oddi ar y bys, fel pe baen ni mewn rhyw fath o *concentration camp*. A dwi'n cofio meddwl, 'O, dwi'm yn lecio fa'ma.'

Mi oedd o'n wahanol fyd i be o'n i'n ei nabod. Newydd agor oedd Ysgol Uwchradd Bodedern, a dim ond ar ei hail flwyddyn oedd hi pan es i yno yn 1978. Mi oedd 'na adnoddau da ond roedd hi'n dal i gael ei hadeiladu. Dim ond penaethiaid adrannau, y prifathro a'r dirprwy oedd yn brofiadol, dwi'n meddwl, a gweddill yr athrawon wedi dod yno'n syth o'r coleg. Dwi'n meddwl ei bod hi'n dipyn bach o arbrawf, achos roedd hi'n ysgol gwbl Gymraeg i bob pwrpas efo dim ond un dosbarth Saesneg yn cynnwys deg i ddeuddeg plentyn ym mhob blwyddyn.

Stafell 44 oedd y stafell ddisgyblu, a do, mi fues i yno fwy nag unwaith. Roeddan ni'n gorfod mynd yno yn ystod amser cinio, achos doedd 'na ddim *detention* ar ôl ysgol am fod y rhan fwya ohonon ni'n byw mor bell i ffwrdd. Mi fydda'r athro 'ma'n gneud i ni sgwennu traethawd – 'Hunangofiant pêl ping-pong' neu rywbeth felly – neu'n gneud i chi gopïo darn allan o *Reader's Digest*. Ac ar ôl gorffen, roeddach chi'n gorfod torri'r papur yn ddarnau! Ac roedd yr hogyn tewa yn yr ysgol yn eistedd ym mlaen y dosbarth yn curo drwm – yn union fel *galley* Rufeinig yn y ffilmiau! Mae o'n berffaith wir!

Yn fuan ar ôl cyrraedd yr ysgol roedd 'na ryw deimlad o 'Ni a Nhw' a thrio trechu'r system. Mi oedd o'n gyfnod o wrthryfela beth bynnag – pync oedd bob dim. Roedd o'n gyfnod cyffrous. Mi oeddan ni'n lecio pync a miwsig felly, ac yn ffeindio gwahanol ffyrdd o wrthryfela. Mi wnes i ymwrthod â cherddoriaeth Gymraeg achos fod hynny'n ffordd o fynd yn erbyn yr athrawon. Achos bod yr athrawon mor ifanc, roeddan nhw'n trio'n cael ni i gymryd diddordeb mewn cerddoriaeth Gymraeg ac yn trefnu i fandiau ddod i'r ysgol. Dwi'n cofio Angylion Stanli'n dod acw, a'r Ficer, ac Omega.

Roeddan ni'n wirioneddol gredu nad oedd safon y bandiau'n dda iawn o'i chymharu â'r

'Gad lonydd i mi – dwi'n licio bod yn bôrd!'

Tîm rygbi Ysgol Uwchradd Bodedern. Dwi'm yn meddwl i ni ennill 'run gêm

stwff roeddan ni'n gwrando arno fo ar y pryd. A deud y gwir, roeddan ni'n meddwl eu bod nhw'n gachu! Ac am ein bod ni'n cymryd ein Cymreictod yn gwbl ganiataol ar y pryd, doeddan ni ddim yn gweld gwerth yn y peth chwaith. (Roedd sefyllfa Sharon, fy ngwraig, yn hollol wahanol i f'un i. Roedd gwrando ar fiwsig Cymraeg yn un ffordd oedd ganddi hi o gadw ei phen uwchben y dŵr, achos roedd hi mewn ffrwd Gymraeg yn Ysgol Aberconwy a'r gweddill yn eu galw nhw'n bob math o betha – josgins, shîp shagyrs ac yn y blaen.) Ella fod sir Fôn yn gyndyn o fabwysiadu'r sîn Gymraeg am ein bod ni'n teimlo'n saff yn ein cymuned Gymraeg.

Dwi'n cofio, pan ddaeth Angylion Stanli i'r ysgol, ni'n taflu toilet rôls gwlyb at eu canwr, Tony Bach, a fynta'n gwylltio. Pan ddaeth Omega yno, roedd gynnon nhw gân o'r enw 'Nansi'. Mi oeddan ni'n lecio honno'n ofnadwy ond y rheswm penna am hynny oedd bod 'na hogyn o Berffro o'r enw Paul Hobbs, a Nansi oedd enw'i fam o. Felly, bob tro bydda'r band yn canu 'Na-na-na-na-Nansi', roedd pawb yn gweiddi 'Hobbs' ac roeddan ni'n meddwl ei fod o'n hilêriys, ac yn gofyn am y gân eto drosodd a drosodd!

Mi wnaethon ni fŵio'r Ficer, a'r athro drama (Ianto Lloyd, trefnydd y gìg) yn deud wrthan ni am beidio. Beth bynnag, dyma ni'n ffeindio bod y grŵp yn chwarae miwsig *Hawaii Five-O*, ac roeddan ni'n meddwl fod hynny'n wych. Fuo raid iddyn nhw chwarae honno tua chwech o weithia.

Fi'n gwisgo het? Dim ffiars!

Hogyn drwg

Mi o'n i'n hogyn drwg – dim byd cas a dim byd ofnadwy, dim ond peidio gwrando, siarad, chwarae o gwmpas, gneud synau gwirion a ballu o'n i'n neud. Drygau diniwed, fel taflu bag ysgol rhywun drwy'r ffenest pan oedd o ddim yn sbio. A hefyd chwarae'r jocar. Mi o'n i'n mwynhau gneud i bobol chwerthin yr adeg honno hefyd. Os o'n i'n gweld cyfle i gael laff, mi o'n i'n mynd amdani. Fel yr adeg pan ddaeth yr athrawes 'ma i mewn i'r dosbarth a'r lle'n reiat llwyr. Dwi'n cofio'i gwylio hi am sbel yn sefyll yno'n hollol ddistaw, a phawb yn dal i chwarae o gwmpas a gneud sŵn. Ymhen hir a hwyr dyma hi'n deud, 'Dwi'n disgwyl' – a dyma finna'n gweiddi dros bob man, 'Llongyfarchiadau!' Mi wnaeth hi wylltio'n gacwn efo fi. Roedd rhaid i mi fynd i stafell y prifathro am hynna, ond doedd dim ots gen i – ges i laff fawr gen fy ffrindia, 'do?

Mi o'n i'n ysu am gael mynd o'r ysgol. Fues i'n edrych ar fy adroddiadau ysgol yn ddiweddar, ac mae'n hawdd gweld y dirywiad. Ar y dechrau, mae'n deud rhywbeth fel, 'Mae gan Tudur y gallu . . .' Erbyn yr ail flwyddyn, mae'n deud, 'Nid yw Tudur yn trio.' Erbyn y drydedd, mae'n deud, 'Hen ddiawl bach 'di hwn . . .'

Doedd gen i ddim syniad be o'n i isio'i neud o ran gyrfa, gan nad oedd gen i syniad am unrhyw fyd y tu hwnt i fyd amaeth. O'n, mi o'n i'n gwbod bod 'na betha eraill ond doedd gen i ddim profiad ohonyn nhw. Mi oedd y dyfodol fel niwl o mlaen i. Ro'n i'n gwbod y gallwn i droi at ffarmio tasa raid i mi. Mi faswn i'n anhapus ond ella baswn i'n gallu byw.

Mi gollis bob diddordeb mewn gwaith ysgol, a does gen i ddim co' mod i wedi dysgu dim byd yno. Roedd Mam yn colli amynedd efo fi erbyn hyn hefyd. Ro'n i'n cael gwersi piano ers pan o'n i'n saith oed ac wedi cyrraedd Gradd 4. Ro'n i'n mwynhau chwarae'r piano, ond mi ofynnodd un o'r athrawon i mi gystadlu ar yr unawd piano yn steddfod yr ysgol pan o'n i'n dair ar ddeg, a dyma finna'n deud, 'Iawn, os oes raid i mi.' Dyma hogia tu ôl i mi yn 'y ngalw fi'n 'pwff' ac ati, ac yn fy herian am chwarae'r piano. Mi es i adra'r diwrnod hwnnw a deud wrth Mam nad o'n i am gario mlaen efo'r gwersi piano.

Roedd Mam yn ddynes bengaled. Roedd hi wedi talu £25 o flaendal i mi gael mynd ar fordaith addysgiadol ar yr *SS Uganda* o gwmpas Môr y Canoldir, ac mi oedd 'na ddau neu dri arall o nosbarth i'n mynd. A dyma Mam yn deud wrtha i, 'Os wyt ti'n rhoi'r gorau i'r gwersi piano, chei di ddim mynd ar y trip 'ma, 'ta.' Ond ro'n i'n gwbod ei bod hi wedi talu'r blaendal, felly mi

o'n i'n hyderus na fasa hi'n gneud be oedd hi'n fygwth ei neud. Wrth i'r amser agosáu, mi ddaeth yn fwy a mwy amlwg nad oedd Mam am newid ei meddwl, ac un diwrnod dyma fi'n sylweddoli – mae hi o ddifri, mae'n rhaid i mi neud rhywbeth. Dyma fi'n gofyn i Dad ddeud gair drosta i, ond y cwbl ddwedodd o oedd, 'Sgin ti'm gobaith mul, washi.' Mi sticiodd Mam at ei phenderfyniad er ei fod yn golygu colli'r blaendal, a ches i ddim mynd ar yr *SS Uganda*. Mi oedd y ddau ohonon ni mor bengaled â'n gilydd, a deud y gwir. Ond yn waeth byth, bob bora yn y gwasanaeth, mi fydda'r prifathro'n deud lle roedd yr *SS Uganda* wedi cyrraedd erbyn hyn, a finna'n swp sâl yn meddwl be o'n i'n ei golli!

Ar yr YTS

Boi annifyr

Os o'n i wedi colli diddordeb mewn gwaith ysgol erbyn y trydydd dosbarth, mi o'n i'n despret am gael gadael y lle erbyn y pumed. Ro'n i'n hogyn eitha annifyr erbyn hynny, mi faswn i'n dychmygu, ac yn union fel bydd plant yn eu harddegau, ro'n i'n cau fy hun yn fy stafell am oriau'n gwrando ar fiwsig. Ro'n i'n smocio erbyn hynny hefyd, ac yn dwyn sigaréts gan fy nhad. Fydda Dad yn dod â phacedi 200 o sigaréts *duty free* yn ôl o'i dripiau tramor. Ro'n i wedi perffeithio'r grefft o ddatod y plastig a'i selio fo'n ôl wedyn, ar ôl cymryd un sigarét o bob paced nes bydda gen i ddeg, a doedd Dad ddim callach. Mi fyddwn yn smocio o ffenest fy llofft ac yn fflicio'r stympiau o dan ffenest fy mrawd.

Ches i fawr o lwyddiant yn yr arholiadau Lefel O. Wnes i ddim troi i fyny i ddau ohonyn nhw, achos doedd gen i ddim parch tuag at y broses o gwbl. Mi basiais i waith metel efo Gradd 1, a hwnnw ydi'r unig gymhwyster sydd gen i o'r ysgol. Mi oedd Mam wedi sylweddoli, 'Does 'na'm gobaith i hwn,' a doedd Dad ddim yn cymryd llawer o ddiddordeb yn fy myd i, na finna'n ei fyd o. Roedd petha wedi bod fel'na rhyngddon ni ers pan oeddwn i tua deuddeg oed. Roedd 'na lot o ffraeo a thynnu'n groes. Ond, fel sy'n digwydd yn aml, mae'r ddau ohonon ni'n ffrindia mawr rŵan.

Mi oedd o'n gyfnod anodd wedyn nes o'n i'n ddwy ar bymtheg oed, ond mi ddois drwyddi'n eitha croeniach o'i gymharu â rhai. Mi fues i'n potsian efo smocio dôp a ballu, ac yfed seidar a chwrw ac yn y blaen, ond ddim ond fel ffordd arall o wrthryfela.

Mi wnes i hyd yn oed fygwth ymuno â'r Fyddin. Wel, mi wnes i fwy na bygwth. Mi oedd un o fy ffrindia isio mynd i'r Fyddin ers pan oedd o'n ddim o beth, a dyma tua chwech ohonon ni'n deud: 'Duwcs, ia, ddown ni efo chdi i'r Armi!' Mi aethon ni i gyd i swyddfa'r Fyddin ym Mangor a deud ein bod ni isio ymuno efo'r Gwarchodlu Cymreig. Mi basiais i arholiad, a deud wrth Mam a Dad fy mod am fynd i'r Fyddin. 'Ia, ia,' meddan nhw, 'wnei di byth, 'ngwas i.' A dwi'n cofio meddwl, 'Mi ddangosa i i chi.' Mi es i mor bell ag y medrwn i efo'r peth, ond dyma'r sarjiant 'ma o'r swyddfa yn gofyn gâi o ddod adra i siarad efo Mam a Dad. Mi ddaeth o draw i Drefri i holi Mam a Dad, a finna'n meddwl, 'Ew! Mae gen i bŵer yn fan hyn rŵan!' Mi fuo 'na drafodaeth fawr, a Mam yn flin am fod unrhyw beth militaraidd yn groes i'r graen a hithau'n ddynes capel fawr. Mi es i mor bell â rhyw ganolfan lle roeddan nhw'n dewis, ond mi wnes i jibio wedyn. Mi o'n i'n ormod o gachwr yn y diwedd.

Mae tyfu mwstásh yn flinedig, dydi?

Coleg Pencraig oedd hi wedyn – coleg addysg bellach yn Llangefni. Aeth 'na 'run o nghyfoedion i o blith hogia'r pentra ymlaen i'r chweched dosbarth yn yr ysgol. Roeddan nhw naill ai'n mynd i Bencraig neu'n prentisio fel seiri neu rwbath.

Ym Mhencraig, mi oedd o fel petai 'na ryw gwmwl wedi codi. Ro'n i'n dal yn y meddylfryd 'Ni a Nhw' efo'r athrawon, ond yn fan'no roeddan nhw'n deud: 'Mi ydan ni yma i'ch dysgu chi. Os dach chi isio mynd i lawr dre a gneud dim byd, iawn, gwnewch hynny, ond rydan ni yma os dach chi isio dysgu.' 'Iawn,' medda finna, 'digon teg.'

Mi wnes i gwrs peirianwaith eitha eang, a dysgu chydig am waith trydanol, weldio, gosod brics ac ati. Wnes i ei fwynhau'n ofnadwy achos ro'n i'n gweld pwrpas iddo fo. Roedd 'na fathemateg yn dod i mewn hefyd a phetha defnyddiol, ac ro'n i'n sticio ati ac yn cael marciau da yn yr arholiadau City and Guilds. Mi wnes i lot o ffrindia yno hefyd.

Roedd fy myd i wedi yn mynd yn fwy eto. Mi ges i foped bryd hynny – roedd gan bawb o fy ffrindia un. Roeddan ni'n mynd efo'n gilydd fel haid o wenynod o gwmpas y lle. Roeddan nhw'n wych. Doeddan nhw'n costio fawr ddim i'w rhedeg, a ninna'n mynd rownd sir Fôn a Bangor a llefydd felly i chwilio am ferched ac yn y blaen.

Ar ôl gadael Pencraig mi oedd 'na ddewis i chi naill ai fynd ymlaen i Goleg Technegol Bangor i neud mwy o gyrsiau neu fynd i weithio ar yr Youth Training Scheme (YTS). Mi ddewisais i weithio. Mi fues i mewn garej ym Mhorthaethwy

Fuos i rioed yn un da yn y bora

yn cael £27.50 yr wythnos am llnau'r llawr a gneud te a ballu, ac wedyn yn garej Elim yn Llanfachraeth, ac mi fyddwn i'n mynd ar fy moped i fan'no bob dydd. Fues i yno nes o'n i'n ddeunaw os nad yn bedair ar bymtheg – tair blynedd yn gweithio fel mecanic ac yn y storfa ac ati, a chael lot o hwyl a gneud ffrindia da iawn.

Mi oedd o'n gyfnod gwerthfawr iawn i mi o ran dysgu fy lle efo pobol, yn delio efo cwsmeriaid a gwahanol bobol. Dwi'n teimlo mod i wedi colli allan wrth beidio â mynd i brifysgol, ond eto mi ddysgis i set o sgiliau handi. Cofiwch, erbyn heddiw, fasa gen i ddim syniad be sy o dan fonat car – maen nhw wedi newid cymaint. Pan werthwyd y garej, mi benderfynis fynd i neud rwbath gwahanol.

Mi ges i joban yn ffensio a thorri coed efo ffrind i mi, Dafydd Cadwaladr, ac mi fues i'n gneud hynny am ddwy neu dair blynedd. Roedd o'n waith caled, ond roedd o'n gyfnod gwych yn fy mywyd i, ac ro'n i'n mwynhau fy hun yn fawr.

Mentro i'r Byd Mawr

Gweithio efo Dafydd Cadwaladr

Pan o'n i'n ddeunaw oed mi wnes i ddechrau chwarae rygbi. Mi wnes i hefyd symud o adra a mynd i rannu tŷ ym Mangor efo fy mêt Alun Parry o Lanfair-pwll, a chael cyfnod ffantastig.

Roeddan ni'n mynd o gwmpas efo fan yn ffensio neu dorri coed ar ffermydd neu dai yng nghefn gwlad gogledd Cymru, ac mi o'n i wrth fy modd. Allan ym mhob tywydd, gweithio'n galed, a chael lot o hwyl hefyd. Roeddan ni'n symud o fflat i fflat ym Mangor, ac yn gneud lot efo criw Cymraeg Bangor Uchaf a'r myfyrwyr – yn cael y gorau o ddau fyd, mewn ffordd.

Mi oedd y byd yn mynd yn fwy *eto*! Gweithio yng ngogledd Cymru, a mynd i lawr i Gaerdydd yn aml am y penwythnos. Roedd gan Dafydd gylch mawr o ffrindia, a thrwy'r rheiny ro'n inna'n cael fy nghyflwyno i gylch ehangach o bobol. Roedd gen i fwy o ddiddordeb mewn petha Cymraeg erbyn hyn hefyd, ac roeddan ni'n mynd i gigs yn rheolaidd.

Fydden ni'n mynd allan bob nos, fwy neu lai, ond roedd y gwaith yn cadw rhywun yn ffit. Cafodd Clwb Rygbi Llangoed ei sefydlu yn 1988, ac mi ymunis i ac Alun o'r cychwyn. Mi ddechreuais i chwarae fel canolwr, ond dros y blynyddoedd dwi wedi chwarae ym mhob safle ar

y cae, bron iawn – a'r rhif ar fy nghefn yn mynd yn is fel ro'n i'n mynd yn hŷn.

Ar ôl chwarae i Langoed am chydig mi wnes i symud at Glwb Rygbi Caernarfon a gneud criw gwahanol o ffrindia yn fan'no. Do'n i fawr o chwaraewr, a deud y gwir, ond mi o'n i'n mwynhau'r ochr gymdeithasol. Roeddach chi'n mynd i lefydd fel Dolgellau, Pwllheli, Bethesda neu rwla'n gyson. Hyd heddiw, pan fydda i'n mynd o le i le, mi fydda i'n siŵr o ddod ar draws rhywun dwi wedi dod i'w nabod trwy rygbi.

Do'n i fawr o chwaraewr, ond rargian ges i hwyl!

Sharon

Sharon fy ngwraig

Mi wnes i gyfarfod Sharon yn nhafarn y Glôb adeg Nadolig 1990, yn ystod fy nghyfnod 'gwyllt' ym Mangor, a Sharon yn gorffen coleg ac yn dechrau ar ei gyrfa fel athrawes. Yr hen gyfnod 'na ar ôl coleg lle mae gynnoch chi bres yn eich poced i fynd allan, a fawr o ddim byd arall i boeni amdano fo.

Roeddan ni wedi priodi o fewn deunaw mis. Mae hynna'n deud y cwbl, dwi'n meddwl. Ro'n i'n bump ar hugain oed erbyn hynny, ac wedi pacio lot i mewn i'r blynyddoedd cynt, felly ro'n i'n teimlo mod i'n barod i setlo i lawr. Roeddan ni'n mwynhau cwmni'n gilydd ac roedd hi'n lecio fy ffrindia i a finna'n lecio'i rhai hitha, felly roeddan ni'n dod ymlaen yn dda iawn.

Ew, ro'n i'n mwynhau fy hun 'radag hynny, yn ffensio a torri coed a ballu, a jest yn lysho a mwynhau. Gweithio'n galed, chwarae'n galed, chwarae rygbi ar benwythnosau, a poeni am uffar o ddim byd. O sbio'n ôl, roedd o'n gyfnod braf ofnadwy. Lwcus na wnaeth o ddim para'n rhy hir neu mi faswn i wedi marw, myn dian i!

Pan wnes i gyfarfod Sharon do'n i ddim yn

chwilio am gariad na dim byd mawr fel'na, ac mae hitha'n deud 'run fath. Ond mi wnaethon ni gymryd at ein gilydd yn syth. Mi oedd 'na rwbath yno o'r cychwyn. Doedd y ddau ohonon ni ddim isio clymu'n hunain i lawr mewn perthynas, ond wnaethon ni jest weld ein gilydd fwy a mwy, a ffeindio'n bod ni'n mwynhau bod efo'n gilydd. Doedd 'na'm blwyddyn wedi mynd heibio cyn i mi ofyn iddi oedd hi'n ffansi priodi! Ryw noson allan ym Mangor Uchaf oedd hi, ac mi wnaeth hi'n atgoffa fi yn y bora, 'Ti'n cofio be ddudist ti neithiwr?' Ac oeddwn, wrth lwc, mi oeddwn i'n cofio. 'Oeddat ti o ddifri, 'lly?' medda hi. 'Duwcs oeddwn,' medda finna. Ac wedi trafod y peth am sbel, 'Duwcs ia, iawn, pam ddim?' oedd y consensws.

Mi ddywedon ni wrth chwaer Sharon, Caryl, sy'n byw yn Llanrwst, ac mi ddywedodd hi fod angen bwcio lle'n weddol handi achos ei bod hi'n

Bacpacio yn Ffiji

anodd cael hotels a phetha, ac mi gynigiodd holi drostan ni. A chyn i ni droi rownd roedd y lle 'di cael ei fwcio. Ond mae hynna'n *typical* o'r ddau ohonon ni. Dydan ni ddim yn meddwl llawer iawn am betha cyn eu gneud nhw. Mi ydan ni'n eitha *impulsive*. Mi wnawn ni fynd a gwario ar ryw betha stiwpid. 'Reit, be am fynd i Fflorida efo'r plant . . .' Penderfynu amser te, ac erbyn deg o'r gloch y nos mae'r peth wedi cael ei fwcio ar y we. Y math yna o beth. Wfft iddo fo, 'dan ni'n mynd, a phoeni am dalu'r biliau wedyn. Ond dwi'n lecio hynny.

Ar ôl priodi, wnaethon ni benderfynu mynd i deithio. Ro'n i wastad wedi bod isio mynd ar drip hir ac mi oedd o'n rhywbeth poblogaidd iawn i'w neud ar y pryd. Beth bynnag, dyma ni'n priodi ym mis Awst 1992 a 'mhen rhyw dair wythnos wedyn, mynd i Efrog Newydd yn gynta efo rycsac yr un. O sbio'n ôl, roeddan ni'n hollol naïf. Doedd

Yn Perth, Awstralia

Gwlad Thai '92

Ger ogofâu Batu, Kuala Lumpur, Malaysia

gynnon ni ddim syniad be oeddan ni'n neud! Ond mi oedd hi'n antur. Doeddan ni ddim wir yn nabod ein gilydd, chwaith, ac mi oedd o'n brawf ar ein perthynas – bod yng nghwmni'n gilydd 24 awr y dydd am flwyddyn gron. Mi ddaru'r pres redeg allan cyn hynny, ond ta waeth.

Dwi'n cofio Sharon yn crio yn Efrog Newydd achos ei bod hi'n meddwl, 'Be goblyn dwi wedi'i neud – priodi efo'r boi 'ma a mynd off rownd y byd, a finna rioed wedi bod yn bellach na Ffrainc o'r blaen.' Ond mi weithiodd petha allan yn iawn yn y diwedd.

Mi gawson ni dair wythnos yn Ffiji. Lle difyr dros ben. Mae gynnoch chi frodorion Ffiji a phoblogaeth fawr o Indiaid yno hefyd, pobol a gafodd eu mewnforio i weithio ar y planhigfeydd rwber erstalwm. Bellach, nhw sy'n rhedeg y wlad ac mae hi'n ffrwgwd rhwng y ddwy ochr yn aml. Mae'r Ffijïaid yn bobol cŵl a *laid back*, a'r Indiaid mor brysur drwy'r amser.

Aros mewn hostelau rhad oeddan ni. Yn Seland Newydd mi wnaethon ni brynu Vauxhall Chevette bach, a dreifio rownd a gweld pob math o betha. Mae hi'n wlad anhygoel.

Yn Awstralia mi fuon ni'n gweithio yma ac acw. Pigo ceirios oeddan ni yn un lle, a campio yn yr ardd efo'r gweithwyr eraill. Roedd 'na ambell gymeriad yno – rhai reit ryff, fel y boi 'ma oedd newydd ddod allan o garchar ar ôl pymtheg mlynedd. Mi oedd o'n deud hanesion giangiau Melbourne wrthon ni. Fel sawl gwlad a dinas fawr, mae'n siŵr, mae'n amlwg fod 'na ochr i Awstralia nad ydi ymwelwyr yn cael ei gweld. Ar y ffordd adra mi gawson ni fis yn crwydro rownd Thailand, Singapore a Malaysia.

Mi oedd o'n brofiad gwych, ac mi oeddan ni'n dod ymlaen yn iawn ar ôl y dechrau dagreuol hwnnw yn Efrog Newydd.

'Nôl adra

Ar ôl dod adra mi es i'n ôl i weithio efo Dafydd Cadwaladr ac Alun Parry, ond mi ddaeth 'na gyfle i neud gwaith actio fel ecstra ar y gyfres *A55*. Mi oedd gen i drwydded HGV ers pan o'n i'n gweithio yn y garej, ac roedd Ffilmiau Eryri yn chwilio am ecstras oedd yn gallu dreifio lorris. Grêt.

Roedd gen i ddiddordeb yn y byd teledu a ffilm ers dipyn, beth bynnag, ac ar ôl i'r gwaith fel ecstra ddod i ben, dyma fi'n gofyn oedd 'na fwy o waith efo'r cwmni, ac mi ges i joban fel 'rhedwr' iddyn nhw.

Roedd Norman Williams, pennaeth Ffilmiau Eryri bryd hynny, yn glên iawn efo fi, ac mi roddodd gyngor da i mi ynglŷn â chael gwaith yn y diwydiant teledu: naill ai bo fi'n ceisio cael lle efo Cyfle, oedd yn hyfforddi pobol mewn gwahanol agweddau o'r diwydiant, neu mod i'n gweithio fy ffordd i fyny efo cwmni – a dyna wnes i.

Mi ges i waith fel rhedwr ar *Uned 5* yn 1994, ac wedyn mi ges i swydd gan Dime Goch, y cwmni oedd yn gneud y gyfres, fel 'assistant' – sef rhywun oedd yn troi ei law at bob dim. Roedd o'n lle da i fod achos ro'n i'n cael dysgu am wahanol agweddau o neud rhaglenni teledu. Dyma pryd y ces i flas ar y byd teledu go iawn, a theimlo mod i wedi ffeindio fy lle – ac, o'r diwedd, yn gneud rhywbeth o'n i wirioneddol isio'i neud.

Mi oedd gen i ddiddordeb mewn sgwennu erioed. Hyd yn oed yn yr ysgol roedd gen i ddiddordeb mewn sgwennu creadigol, ac roedd yr athro Cymraeg, Cen Williams, wedi sylwi ar hynny ac mi fydda'n fy annog i i neud mwy. Ond ar y pryd, wrth gwrs, doedd gen i ddim diddordeb mewn gneud dim mymryn mwy nag oedd raid. Ond mi fyddwn i'n sgwennu straeon byrion a rhyw bytiau – nid i'w cyhoeddi, dim ond er fy mwyn fy hun. Jest straeon a sgetsys ac ati oeddan nhw. Ond pan es i i mewn i'r maes teledu, dyma feddwl: diawl, mae hwn yn rwbath fedrwn i ei neud – mae 'na gyfle fama i greu eitemau ar gyfer *Uned 5*.

Dwi'n dal i sgwennu pytiau o bethau ar ddarnau o bapur. Mae gin i ddarnau bach o bapur ym mhob man drwy'r amser.

Tudur fy mrawd bach, gan Elen ei chwaer

(bargyfreithwraig)

Dwi bum mlynedd yn hŷn na Tudur, ac mae Richard, fy mrawd arall, ddwy flynedd yn fengach na fi. Y cof cynta sydd gen i o Tudur oedd disgwyl iddo fo gael ei eni, achos mi oedd o tua deg diwrnod yn hwyr, dwi'n siŵr. Dwi'n cofio methu aros i'r babi 'ma gyrraedd, i mi gael Mam yn ôl adra yn un peth! Roedd Mam wedi mynd i Ysbyty'r Gors yn Gaergybi gynta ond mi oedd raid iddi gael ei symud i Fangor, a fan'no gafodd o'i eni yn y

Elen

diwedd. Mi oedd o'n fabi reit fawr. Ro'n i'n weddol siomedig pan ddaeth o adra, fel mae plant bach pan maen nhw'n gweld babi newydd, ond mi oedd o'n fabi bach bodlon. Tew hefyd. Andros o dew!

Roedd Mam yn cael lot o help gan Anti Katie (chwaer ei mam), a Tudur oedd ei ffefryn hi, heb os nac oni bai. Mi fagodd hi lot fawr arno fo, ac roedd o'n mynd i aros ati yn Deiniolen. Roedd hi'n mynd â fo ar wyliau a bob dim – wnaeth hi rioed fynd â 'run o'r lleill ohonon ni!

Mi oedd o'n hogyn bach lyfli, yn gwenu drwy'r amser, ond yn un digon direidus. Ro'n i'n reit *protective* ohono fo fel mae chwiorydd mawr, a finna'n un braidd yn *bossy* beth bynnag! Wnes i ddim gweld cymaint â hynny arno fo wedyn, achos es i i ffwrdd i'r ysgol pan o'n i'n naw oed. Ac i ffwrdd fues i wedyn, fwy neu lai. Ond mi ddois i'w nabod o'n reit dda pan o'n i yn y brifysgol yn Llundain. Mi fydda Tudur yn dod ata i i aros yn reit aml pan oedd o'n bedair ar ddeg a phymtheg oed. Mi oedd o wrth ei fodd, wrth gwrs, yn cael gweld Llundain, a chael rhyddid i neud fel fynno fo.

Dwi'n falch ofnadwy o'i lwyddiant o erbyn hyn, a dydw i ddim yn synnu o gwbl chwaith, achos mi oedd hi'n amlwg fod y gallu ganddo fo. Mi oedd fy nhad yn gneud lot efo'r Ffermwyr Ifanc, yn siarad yn gyhoeddus ac ati – ac roedd ei fam a'i dad o (fy nhaid a nain i) yn gantorion da iawn. Roedd Nain yn canu mewn operâu efo'r Liverpool Choral Union, ac roedd Taid yn mynd o gwmpas yn canu mewn cyngherddau. Heddiw, dwi'n siŵr y basan nhw wedi gallu mynd yn broffesiynol.

Tudur, Elen a Rich yn modelu VW Dad

Mi fydd Dad yn deud fod Tudur yn debyg iawn i Llew Llwyfo – rhyw 'Renaissance Man' yn medru gneud pob math o betha. Roedd Tudur yn chwarae piano'n fendigedig pan oedd o'n blentyn, ond wnaeth o ddim cario mlaen am fod ei ffrindiau'n gneud hwyl am ei ben o. Mi fuo fo'n chwarae'r dryms mewn band o'r enw Puw Dall hefyd am gyfnod. Mae o'n gerddorol iawn.

Fydden ni i gyd yn dod at ein gilydd fel teulu ar ddydd Sul. Cyn i Mam fynd yn wael, mi gafodd hi gyfle i weld Tudur yn dechrau ar y llwybr perfformio 'ma, ac mi fydda hi'n gofyn iddo fo ar ddydd Sul: 'Lle wyt ti wedi bod yn dangos dy hun w'sos yma?' Nid perfformio, ond dangos ei hun! Ac mi fydda Tudur yn deud, 'Dwi'n siŵr nad oedd mam Frank Sinatra'n gofyn iddo *fo* lle roedd o wedi bod yn dangos ei hun!'

Gwaith gwirion

Cyw gomediïwr

Ym mwyty Glantraeth mi fyddwn i'n cael cyflwyno, a hyd yn oed arwain, ambell noson lawen. Wel, mi oedd o'n fwy o groesawu'r perfformwyr a deud ambell jôc yng nghwmni pobol o'n i wedi dod i'w nabod.

Ro'n i wrth fy modd efo comedi erstalwm hefyd. Les Dawson oedd fy ffefryn mawr i – mae o'n dal yn ffefryn – a'r Two Ronnies. Ac roedd 'na gomediïwr newydd – 'alternative' – yn dod trwodd, efo steil wahanol. Pobol fel Alexei Sayle a Ben Elton, oedd yn defnyddio comedi i neud pwynt gwleidyddol neu i gyfleu rhyw neges. Mi oedd gen i ddiddordeb mawr yn hynna.

Ond yng ngwesty'r Glanrafon, Benllech, adeg Steddfod Genedlaethol Ynys Môn 1999 y dechreuodd y busnas stand-yp 'ma i mi. Ro'n i wedi cael mymryn o brofiad cyn hynny, ac wedi cael blas arni. Ro'n i'n gweithio fel is-reolwr llawr efo cwmni Barcud erbyn hyn, ac mi oedd hyfforddi i, isio i mi groesawu'r gynulleidfa un noson, ac egluro'r rheolau tân a dangos y drysau tân ac ati.

'Iesgob, fedra i ddim,' oedd y peth cynta ddaeth i'm meddwl i. Roedd sefyll o flaen dau gant o bobol a siarad efo nhw'n swnio fel hunllef. Wel, mi oedd o'n gam mawr i mi – fel sefyll ar ochr dibyn. Ond mi wnes i o rywsut, ac wrth i mi neud mwy a mwy o hynny mi o'n i'n ymlacio ac yn mwynhau – yn enwedig pan o'n i'n llwyddo i'w cael nhw i

Dyna dwi'n licio'i weld!

Yn Steddfod '99 mi oedd criw o ddigrifwyr – Dewi Rhys (y Dewi Rhys arall – nid Magwa), Mei Jones, Eilir Jones, Huw Marshall a Daniel Glyn – wedi trefnu gŵyl gomedi yn y Glanrafon yn ystod yr wythnos. Yr unig gomedi Gymraeg oedd 'na cyn hynny oedd jôcs a sgetsys nosweithiau llawen. Doedd 'na ddim byd yn debyg i be ti'n weld yn Lloegr. Mi o'n i wedi gweld Daniel Glyn yn perfformio o'r blaen – nid deud jôcs ond deud hanesion a gneud sylwadau am fod yn Gymro yng Nghaerdydd a phetha felly. A dwi'n cofio meddwl – mae 'na fodd i ni neud comedi wahanol yn Gymraeg. Does 'na ddim rheswm pam na fedren ni. Does dim rhaid iddi fod fel comedi noson lawen.

Mae Dewi Rhys a fi wedi bod yn mynd i Ŵyl Caeredin efo'n gilydd ers blynyddoedd, a fo ddwedodd wrtha i: 'Pam na wnei di set?' 'Ocê,

iawn 'ta,' medda fi, 'mi wna i am hwyl.'

Pan ddaeth y diwrnod, mi o'n i'n swp sâl. A dyma fi'n meddwl, *typical* bo fi'n sâl a finna isio perfformio yn y munud! Wnes i ddim sylweddoli ar y pryd mai teimlo'n sâl oherwydd fy mod i mor nerfus o'n i. Ond pan ges i fy laff gynta, mi oedd o'n deimlad braf iawn. Dwi'n cofio gweld Geraint Løvgreen druan yn y cefn, a dyma fi'n deud wrtho fo, 'Chdi 'di'r boi sy'n canu "Dwi'm isio mynd i Sir Fôn", 'de?' A dyma fi'n cael pawb i weiddi 'Ff** off!' arno fo. Ymddiheuriadau, Geraint!

Mi es i i lawr yn dda, ac roedd pobol yn dod ata i ar y diwedd i'n llongyfarch i, ac roedd hynny'n deimlad braf hefyd. Ro'n i wedi dal y byg, ac yn ysu am y cyfle i'w neud o eto. Mae comedïwyr yn bobol sy'n mwynhau sylw ac yn mwynhau dangos eu hunain. Ac i bobol felly mae hyn yn union fel cyffur. Pan mae o'n dda, mi ydach chi isio'i neud o eto'n syth.

Dewi Rhys ddaru mherswadio fi i neud stand-yp am y tro cynta

Tudur fy ngŵr, gan Sharon ei wraig

Un o Landudno ydw i'n wreiddiol – wel, o Lanrwst nes o'n i tua naw neu ddeg. Mi oedd Mam yn dod o'r Felinheli'n wreiddiol, a fy nain a fy hen nain hefyd. Trwy hap a damwain y daethon ninna i fyw i'r un pentra. Roeddan ni fel teulu'n chwilio am dŷ, ac ar fin prynu rwbath hyll ym Mangor, a Nhad yn gwaredu. Wrth lwc, doeddan ni ddim wedi arwyddo dim byd, ac mi wnaeth o'n perswadio ni i chwilio am rwla arall. Ar y pryd, ein maen prawf ni wrth chwilio am dŷ oedd ei fod o'n gorfod bod o fewn taith ddwy bunt mewn tacsi i Fangor Uchaf. Fan'no oedd canol ein byd ni am sbel, ond ddim am hir chwaith. Doedd o ddim 'run fath ar ôl i bawb fynd eu gwahanol ffyrdd.

Fel y gwyddoch chi, yn y Glôb 'nath Tudur a fi gyfarfod. Be ddenodd fi ato fo? Wel, roedd y seidar yn help, ma siŵr! Ha ha! Na, mi oeddan ni'n gneud i'n gilydd chwerthin, mi oedd fy ffrindia fi'n ei lecio fo a finna'n lecio'i ffrindia fonta, felly mi oedd bywyd yn hawdd, 'doedd, ac roeddan ni'n dod ymlaen yn dda.

Mae o'n un hawdd iawn byw efo fo – y rhan fwya o'r amser o leia. Ond pan mae o'n gweithio ac mae 'na rwbath ar ei feddwl o, mae o'n bell i ffwrdd a does 'na'm pwynt trio cael sgwrs bwysig efo fo. Fydd o ddim yn flin, ond mae'n amlwg fod ei feddwl o yn rwla arall. Hefyd, ar ôl iddo fo orffen cyfnod o waith, mae'n cymryd amser iddo fo ddod yn ôl i lawr i'r ddaear.

Pan 'di o ddim yn meddwl am waith, fo ydi'r

Gwesty'r Imperial, Llandudno – carped coch a bob dim!

boi hawdda'n y byd i neud efo fo. Dydi o ddim yn cwyno am y llanast yn y tŷ na bod fy nghwcio fi'n wael. Mae o'n ffrind da – dwn i'm be am ŵr da! Ac mae o'n rhoi pres i mi pan dwi'n cwyno, i gau ngheg i! Does 'na 'run o'r ddau ohonon ni'n rhai da iawn am gadw'r lle'n dwt a ballu, ond dyna fo, 'dan ni'n hapus.

Maen nhw'n deud bod 'na ryw ochr dywyll i gomedians, ond mae Tudur yn un hwyliog iawn adra. Dydi'r holl sylw mae o wedi'i gael yn ddiweddar ddim wedi mynd i'w ben o o gwbl. Mae'n bosib y basa fo tasa hyn wedi digwydd pan oedd o yn ei ugeiniau, ond na, mae o 'run fath drwy'r adeg, chwarae teg iddo fo.

Mae o'n lecio sylw neu fasa fo ddim yn gneud be mae o'n neud, ond dydi o ddim wedi'i newid o o gwbl. Er, dwi'n lecio'i atgoffa fo bo fi wedi'i briodi fo cyn iddo fo ddod yn enwog! Yr unig adeg fydda i'n ymwybodol o'r enwogrwydd ydi pan fyddan ni'n mynd i rwla a dwi'n teimlo pobol yn sbio arnon ni, ac yn sylweddoli wedyn mai sbio ar Tudur maen nhw. (Mae 'na beryg i mi ddechrau giglo bryd hynny.) Neu pan mae 'na blant yn dod i ofyn am ei lofnod o.

Sharon a Jona ym mharc y Felinheli

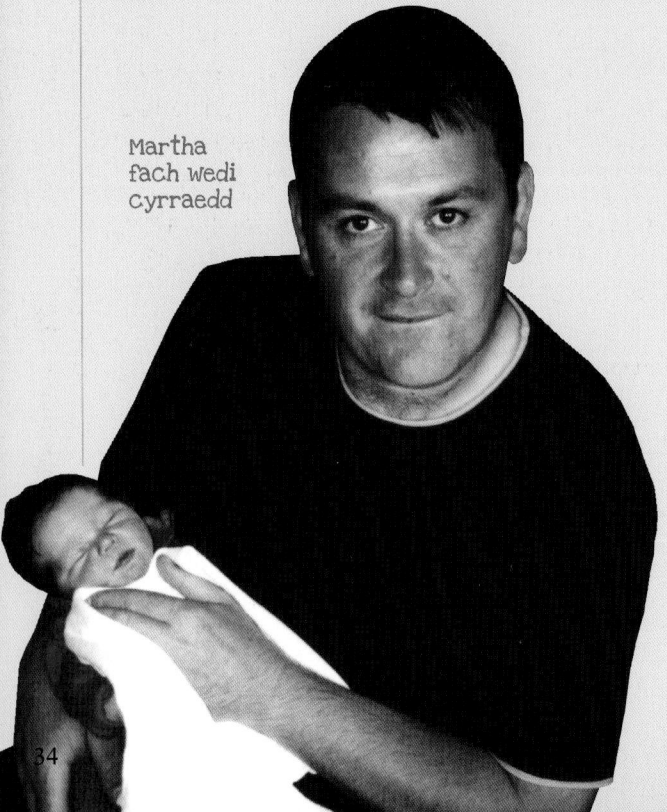

Martha fach wedi cyrraedd

Ond yng Nghymru ydan ni, ac fel arfer dydi pobol ddim yn meddwl am y peth fel'na. Mi ydan ni'n dueddol o drin pawb 'run fath, tydan? Un ai hynny, neu 'dan ni'n barod iawn i dynnu rhywun i lawr os ydan ni'n meddwl eu bod nhw'n cael gormod o sylw.

Rydan ni'n gneud i'n gilydd chwerthin adra drwy'r amser – mae 'na lot o hwyl yn y tŷ fel arfer. A deud y gwir, mi o'n i'n arfer meddwl bo fi'n fwy doniol na Tudur erstalwm! Os oeddan ni wedi bod allan i rwla, mi fydda Mam isio'r hanes i gyd. Ac os oeddan ni'n ffeindio ei bod hi'n chwerthin, roeddan ni'n dau am y gorau i gael y gair ola – yn ychwanegu rwbath at be oedd y llall newydd ddeud, nes ei fod o'n mynd yn hurt yn y diwedd.

Mae Tudur yn andros o ddyn teulu, ac mae o wrth ei fodd adra am ei fod o'n teithio cymaint yn ei waith. Mi fydd o'n landio adra tua tri o'r gloch y bora weithia a'r adrenalin yn dal i fynd rownd, ac mi fydd o'n fy neffro i a gofyn, 'Tisio glasiad o win?' A dw inna'n deud 'Ia, iawn!' er mwyn clywed hanes y noson.

Dwi'n fwy strêt na fo. Tasa rhywun yn gofyn i ni'n dau, 'Dach chi ffansi dod i'r peth a'r peth nos Sadwrn?' mi fasa Tudur yn deud, 'O, ia, mae hynna'n swnio'n ocê . . .' Mi faswn i'n deud yn syth, 'O na, dim diolch, dwi'm yn ffansïo hynna o gwbl.' Mae Tudur yn cael ei hun i dwll wedyn wrth drio meddwl am esgus i ddod allan o rwbath, yn lle deud yn strêt ar y cychwyn, 'Na, dim diolch.' Dydi hynny ddim yn pechu neb, nacdi?

Flynyddoedd yn ôl mi fyddwn i'n cadw mhen i lawr bob tro byddwn i'n mynd i'w weld o'n perfformio'n gyhoeddus. Dwi'n well rŵan. Mi o'n i'n mynd yn nerfus ofnadwy drosto fo. Dwi'n cofio un noson pan wnaeth o 'farw' ar y llwyfan, creadur. Roedd hi'n gynnar iawn yn ei yrfa fo, ac roeddan ni yn y lle 'ma yn sir Fôn. Mi ddeudodd y ddynes 'ma oedd yn ista drws nesa i mi, 'O my god, he's awful!' a do'n i'm yn gallu deud dim byd. Roedd gen i gywilydd! Rhyw ginio posh oedd o, a doedd o mo'r lle i stand-yp, ac mi oedd Tudur yn ddibrofiad. *Rŵan* mi fasa fo jest wedi deud, 'O ylwch, dydi hwn ddim y lle i mi' ac wedi mynd o'na'n reit handi, ond y noson honno mi gariodd o mlaen doed a ddelo. Mae o'n deud mai honno 'di'r noson waetha mae o rioed wedi'i chael. Mae o'n falch erbyn hyn bo fi wedi gweld ei noson waetha

Jona, Sharon a Martha

fo, achos os ydi o'n cael noson ddrwg mi fydda i'n gofyn iddo fo, 'Be, mor ddrwg â'r noson 'na yn sir Fôn?' Ac mae hynny'n rhoi petha yn eu cyd-destun.

Dwi ddim yn mynd i'w weld o'n aml rŵan am nad ydi hynny'n ymarferol bob tro, efo'r plant. Pan fydda i'n mynd, mi fydda i'n deud fy marn yn onast – da neu ddrwg. A 'run fath efo jôcs a storis – mae o'n eu trio nhw allan arna i adra gynta, ac yn holi, 'Ydi honna'n gweithio?' ac mi fydda inna'n deud y naill ffordd neu'r llall. Os ydw i'n chwerthin, mae hi'n amlwg yn gweithio!

Mae'n haws rŵan, ond pan fydda pobol yn ffeindio allan mod i'n wraig i Leslie Wynne, doeddan nhw ddim yn coelio. 'Be, gwraig i Leslie Wynne? Mae o 'di *priodi*?' Roeddan nhw'n gwirioneddol gredu bod Leslie Wynne yn berson go iawn. Ia, y math yna o beth sy'n digwydd pan dach chi'n briod efo Tudur Owen, ylwch.

Theatr a Teli

Bara Caws a chyfresi teledu

Pan wnes i'r sioe stand-yp gynta honno ym
Menllech adeg y Steddfod mi oedd Ian Rowlands,
cyfarwyddwr artistig Cwmni Theatr Bara Caws ar y
pryd, yn y gynulleidfa. Ac ychydig wedyn, chwarae
teg iddo fo, mi ofynnodd i mi gymryd rhan yn sioe
glybiau ddiweddara'r cwmni. 'Ia, grêt,' medda fi'n
syth, 'wrth fy modd.' Wel, mi *ydw* i wrth fy modd

efo Bara Caws, ac wedi bod yn eu gwylio nhw
ers blynyddoedd. Mae'r sioeau yma'n boblogaidd
ofnadwy yn y gogledd, ac yn chwedlonol bron, yn
llenwi neuaddau lle bynnag maen nhw.

Mynd at Bara Caws wedyn – tair wythnos o
ymarfer, a ffeindio ar y diwrnod cynta fy mod i
ymhell allan o nyfnder. Mi o'n i'n teimlo mod i wedi
cymryd rwbath mlaen nad o'n i'n medru'i neud o
go iawn. Eilir Jones, Gwenno Hodgkins, Maldwyn
John – a fi – oedd y cast. Wrth gwrs, actorion go
iawn oedd y tri arall, yn perfformio efo sgript, a do'n
i ddim wedi meddwl dim am hynny. Roedd dysgu
sgript yn reit frawychus i mi, ond dyna oedd y cam
nesa ymlaen i mi ar yr ochr berfformio. Wedyn,
er mod i allan o nyfnder, mi wnes i dderbyn yr her
a'i neud o, ac mae o'n rhywbeth dwi'n falch iawn
ohono fo. Mi wnes i fwynhau'n hun na fuo'r fath
beth trwy'r daith, ond ro'n i'n ei
ffeindio fo'n andros o waith caled
ac mi o'n i'n dal allan o nyfnder tan
y diwedd.

Hyd yn oed ar y noson ola ro'n
i'n meddwl, fflipin hec, be dwi'n
neud yn fan hyn? Dwi ddim yn
actor. Mae hi'n ddisgyblaeth hollol
wahanol i be dwi'n arfar ei neud.
Ond byth ers hynny, dwi'n meddwl
ei fod o'n beth da i osod rhyw her i
mi fy hun bob hyn a hyn.

Cyfle *Mawr!*

Mawr! oedd y gyfres deledu gynta i mi ei gneud. Cyfres sgetsys oedd hi, ac ar y dechrau mi oedd hi'n ofnadwy o wael. Mi wnes i sbio ar y tapiau'n ddiweddar. Wel! Mae rhai o'r sgetsys 'ma'n gachu llwyr. Roedd 'na gast reit fawr ac ambell beth bach yn gweithio. Felly mi benderfynon ni, duwcs, beth am gael llai o gast a chreu cymeriadau allai gydio? Mi gawson ni gyfres arall, ac mi oedd honno'n well. Wedyn, gawson ni ail a thrydedd a phedwaredd cyfres ac mi wellodd bob tro, dwi'n meddwl. Erbyn y diwedd ro'n i'n reit falch ohoni. Roedd o'n gyfle da i mi – sgwennu sgetsys ac actio a pherfformio, a gweithio fel rhan o dîm, sy'n rhywbeth hollol wahanol i be dwi'n neud fel stand-yp.

Un o'r cast oedd Iwan John a dwi'n mwynhau gweithio efo fo. O'r gyfres *Mawr!* y daeth Beryl, Cheryl a Meryl, ac mi oedd Iwan John yn rhan o hynny hefyd. Roedd y rheiny'n reit boblogaidd, yn enwedig y ffilm wnaethon ni. Dyna un o'r petha dwi wedi mwynhau ei neud fwya. Mi gafon ni bythefnos yn Tenerife yn chwerthin drwy'r dydd, bob dydd – nes oeddan ni'n sâl! Hwyl, latsh bach! Ro'n i'n ei ffeindio fo'n reit hawdd i'w sgwennu achos bod y cymeriadau mor gryf. Roeddan nhw'n sgwennu eu hunain, bron. Mi oeddach chi'n gwbod be fydda'r ymateb – yn gallu clywed y laffs yn glir.

Mae un peth wedi arwain at y llall – o *Mawr!* i Leslie Wynne i *Tudur Owen o'r Doc* a *Sioe Tudur Owen*, a

Y wibdaith wirion efo Theatr Bara Caws. O'r top: Llŷr Ifans, Lisa Jên, fi, Jâms Tomos a Rhodri Meilir

Carolau Gobaith

'Y Genod' yn Tenerife – Iwan John (Cheryl), Rolant Prys (Meryl), heb anghofio Beryl. 'What are we like?!'

chyflwyno *Byw yn ôl y Llyfr* efo Bethan Gwanas. Mae hwnnw wedi bod yn ddifyr. Mi oeddan ni'n cael bob math o fwydydd ffiaidd ac yn y blaen, ac roedd yr ochr hanesyddol yn ddiddorol iawn. Ro'n i wrth fy modd yn siarad efo haneswyr clyfar fel Dr John Davies a Dr Russell Davies.

Mi wnes i gymryd rhan yn *Carolau Gobaith* yn 2010 hefyd. Mae Rhys Meirion yn un da am

Byw yn ôl y Llyfr

Gwanas a fi

godi pres at Tŷ Gobaith, a dwi wedi gneud cwpwl o nosweithiau efo fo. Mi ydan ni'n fêts, a phan ofynnodd o i mi gymryd rhan yn *Carolau Gobaith* ro'n i'n barod iawn i helpu. Mi aeth ambell un yn nerfus iawn – Bethan Gwanas yn poeni am ganu, a phobol eraill ddim yn lecio'r peth o gwbl – ond mi o'n i jest yn meddwl amdano fo fel estyniad o glownio.

Bymtheg mlynedd yn ôl, faswn i byth wedi medru gneud be dwi'n neud rŵan. Mi fasa gen i ormod o betha'n fy mhoeni fi – mi o'n i'n rhy hunanymwybodol. Rŵan, dydi o'n poeni dim arna i i neud ffŵl ohona fi'n hun. Os geith o laff, mi dynna i nhrowsus, ond erstalwm faswn i byth byth wedi gneud y fath beth. Mae agwedd rhywun yn newid wrth fynd yn hŷn. Peidio cymryd fy hun ormod o ddifri ydi o, dwi'n meddwl. Cyn belled â bod dy deulu di a dy ffrindia di'n dy lecio di, dim ots.

Lladd PC Leslie Wynne

Os gwelith rhywun fi'n gneud PC Leslie Wynne eto mi fydd yn amlwg mod i mewn trafferthion ariannol difrifol, neu mi fydd 'na ryw argyfwng arall yn fy mywyd i. Do, dwi wedi lladd – a chladdu – PC Leslie Wynne. Mi ddaeth o'n boblogaidd iawn iawn, ac ro'n i'n falch ofnadwy o hynny, wrth gwrs. Ond mi aeth o'n rhywbeth mwy o lawer nag o'n i isio iddo fo fod. Mi dorrodd ar draws yr ochr stand-yp o betha, achos roedd pobol yn gofyn i mi ei neud o ym mhob man, ac yn *disgwyl* i mi ei neud o, felly mi oedd o'n niwsans llwyr pan o'n i isio canolbwyntio ar fy set. Dwi'n siarad amdano fo fel tasa fo'n berson go iawn, ond felly dwi'n ei ystyried o. Mae o'n mynd ar fy nerfau i!

Ar ddamwain y daeth o i'r byd 'ma yn y lle cynta, fel mae lot o'r petha 'ma. Roeddan ni'n gneud y sioe sgetsys *Mawr!* ac yn un o'r cyfarfodydd mi ddwedodd rhywun: 'O ia, ac mae gin ti'r cymeriad plisman 'ma, does?'

'Diawl, dwi'm yn cofio sôn dim byd am blisman,' medda fi. Ond roedd o wedi cael ei gynnwys ar y rhestr, felly ma raid

Unusual - te?

Dwi'n hen ffrindia efo Heddlu Gogledd Cymru, ylwch

bo fi wedi deud rwbath mewn sesiwn syniadau. Iawn, ond be o'n i'n mynd i neud efo'r cymeriad plisman 'ma?

Eilir Jones awgrymodd y syniad: 'Pam na wnei di fo'n *camp*?' medda fo.

'Ia, dyna syniad da,' medda fi. A mwya'n byd o'n i'n meddwl amdano fo, mwya'n byd o'n i'n meddwl, 'Ia, ma 'na gomedi yn fan'ma.' Yr hogyn bach sobor o ddiniwed 'ma ym myd gwrywaidd, *macho* yr heddlu.

Mi oedd o'n dod o Gricieth am fod gen i Anti Nesta'n byw yng Nghricieth erstalwm, ac roedd hi'n fy molicodlio fi pan o'n i'n hogyn bach, felly dwi wastad wedi cysylltu Cricieth efo cael fy molicodlio a rhyw *sandwiches* bach *dainty* ciwcymbar a samon neis. Ro'n i'n ei ddychmygu fo'n cael ei fagu mewn byd neis neis felly.

'The caring face of North Wales Police' oedd Leslie, achos mi oedd y Prif Gwnstabl bryd hynny,

Richard Brunstrom, yn y newyddion o hyd ac o hyd, felly dyma feddwl y basa'n hwyl creu rhyw berthynas ddychmygol rhwng hwn a Leslie Wynne, sef bod 'na eilunaddoli'n mynd ymlaen o ochr Leslie, a'i fod o bron yn caru Richard Brunstrom.

Mi o'n i isio enw fasa'n gneud i hogyn neu hogan. Mi ddudodd y Prifardd Tudur Dylan fod 'PC Leslie Wynne' yn gynghanedd, a pwy ydw i i ddadlau efo hynny? Hwyrach mai dyna pam mae'r enw wedi cydio. Es i ati wedyn i greu'r cymeriadau dychmygol eraill 'ma fel ei nain, a bod honno wedi'i fagu fo. Yna mi gafodd dair chwaer, Eryl, Vivienne a Lindsay – pob un efo enw fedra neud ar gyfer hogia neu genod.

Do, mi wnes i gyfres o sgetsys, ond ro'n i'n anghyfforddus efo'r cymeriad, a bod yn hollol onast. Dwi wastad wedi teimlo fel'na, oherwydd wnes i rioed ddeud ei fod o'n hoyw, achos do'n i ddim isio dod â'i rywioldeb o i mewn i'r peth. Do'n i ddim isio mynd i lawr y ffordd o neud hwyl am ben pobol hoyw. Dwi ddim yn lecio hynna o gwbl, a dwi'n osgoi brifo pobol hynny fedra i. Mae'n anodd, wrth gwrs, a ti'n siŵr o ypsetio rhywun yn rwla, ond mi fydda i'n trio peidio. Do'n i ddim isio cael fy nghyhuddo o fod yn homoffobaidd, ond dyna'n union ddigwyddodd ambell waith. Mi wnes i un sgets yn fwriadol lle roedd 'na blisman hoyw yn y stesion a Leslie Wynne ddim yn lecio hyn o gwbl; y pwynt o'n i'n ei neud oedd bod hyd yn oed Leslie Wynne yn gallu bod yn homoffobaidd.

Ro'n i'n ei ystyried o fel un o'r dynion 'ma sy ddim yn gwbod bod 'na bobol hoyw. Dydi o

tudur owen | dangos fy hun

rioed wedi cael cariad – yn ddyn na dynes. Dwi'n digwydd nabod cwpwl o bobol debyg iddo fo sy wedi dylanwadu ar greu'r cymeriad. Mi oedd pobol yn ei fwynhau o, does 'na ddim amheuaeth am hynny.

Fydda i'n gneud nosweithia yng Ngharnifal Felinheli. Maen nhw wedi clywed 'yn jôcs i hyd syrffed yn fan'no, achos dwi'n gneud y carnifal yna ers blynyddoedd. Fedra i ddim gwrthod achos dyna'r unig ffordd fedra i gyfrannu. Un flwyddyn, mi benderfynis i neud perfformiad o Leslie Wynne – monolog a malu cachu. Mi aeth o i lawr yn dda ac mi wnes i fwynhau fy hun. Ar ôl hynny mi ddechreuodd pobol sôn a siarad amdano fo, ac ar y pryd mi oedd S4C isio sitcom Leslie Wynne. Wnes i ddeud na fasa hynny ddim yn gweithio achos dydi o ddim yn gymeriad felly – munud rhoi di gymeriadau eraill o'i gwmpas o, wneith o ddim gweithio. Yr unig ffordd weithith o, medda fi, ydi yn y byd go iawn, efo cynulleidfa. Felly mi wnes i gynnig, 'Be am neud un noson o *An audience with . . . PC Leslie Wynne?*' A dyna fu.

Mi recordion ni'r noson yng nghlwb Wellmans yn Llangefni, ac mi ges i Rhodri Ogwen a Heledd Cynwal fel gwesteion, a Malcolm Allen, Jonsi ac Elin Fflur yn y gynulleidfa. Mi aeth i lawr yn dda. Wedyn roeddan nhw isio cyfres, a fedrwn i ddim gwrthod achos roedd o'n bres da. A bod yn onast hefyd, mi o'n i'n ei ffeindio fo'n hawdd iawn i'w neud. Roedd 'na ystyr ddwbwl i bob dim, ac ro'n i'n ffeindio hi'n hawdd iawn i sgwennu stwff ar ei gyfer o. Mae'n gomedi syml iawn iawn. Doedd o ddim yn cymryd lot o ymdrech achos mi o'n

i'n gallu meddwl am ryw thema i'r rhaglen, a dyna oedd y patrwm, fel *chat show*. Dau westai a chwpwl o selébs yn y gynulleidfa, thema i'r rhaglen, a sgwennu rhyw storis fel, 'O, chredwch chi ddim be ddigwyddodd i Nain w'sos dwytha 'ma . . .' Wedyn chydig o ad-libio efo'r gynulleidfa.

Cyrhaeddodd Leslie Wynne ei anterth mewn rhaglen Nadoligaidd efo Margaret Williams. Dyna pryd y meddylis i – fedra i ddim gwella ar hyn rŵan. Mi o'n i'n teimlo'i bod hi'n rhaglen dda iawn ac yn falch iawn ohoni, ac mi gafodd ffigurau gwylio da iawn. Mi ga' i dipyn o job curo honna, medda fi wrtha fi'n hun. Dwi'n gredwr cryf bod raid i chdi drio gwella ar bob dim, neu o leia newid, neu mi fydd petha'n marw. A dyma S4C yn gofyn am raglen arbennig arall ar gyfer y Dolig wedyn, ac mi wnes i fargen efo nhw: mi wna i un, os ca' i fod yn fi fy hun ar

'Dyna ddigon!'

PC Leslie Wynne yn
cyffwrdd y sêr

y teledu hefyd. Dyna sut y daeth y gyfres *O'r Doc* i fod. Be oedd yn mynd trwy fy meddwl i oedd, os dwi am fod ar y teledu, mae'n bwysig bod 'na fywyd ar ôl Leslie Wynne a bod pobol yn fy ngweld i fel fi fy hun. A hefyd ro'n i isio dangos fy mod i – gobeithio – yn medru gneud iddyn nhw chwerthin fel fi fy hun ac nid jest fel Leslie Wynne.

Roedd y comedi o'n i'n gallu'i neud efo fo'n gul iawn – ystyron dwbl, comedi syml du a gwyn heb fawr o ddyfnder iddo fo – a doedd o ddim yn gyffrous i mi mwyach. Doedd o ddim yn rhoi unrhyw her, a do'n *i* ddim yn cael deud dim byd chwaith. Fel stand-yp, y stwff dwi'n lecio'i neud orau ydi'r stwff lle dwi'n cael deud rwbath. Doedd 'na ddim sgôp i neud dim byd felly efo Leslie Wynne.

Felly mi ddudish i, ocê, mi wna i *un* arall 'ta – rhaglen Dolig – a mi wnes i hi efo Arfon Haines Davies, Daf Du ac Elin Fflur, ac mi aeth yn iawn. Ond wedyn, dwi'n cofio sefyll yng nghefn y llwyfan yn yr helmet a'r colur a'r *eye-liner*, a gaddo i mi fy hun na faswn i byth yn gneud hyn eto. A dwi wedi sticio at hynny hefyd – roedd yn well gen i dorri'r peth yn ei flas.

Mi fasach chi'n synnu faint o bobol oedd yn meddwl ei fod o'n blisman go iawn, a'i fod o'n hoyw. Mi oedd 'na bobol gall yn deud wrtha i, 'Mi ydan ni wedi bod yn holi o gwmpas Cricieth 'cw a 'dan ni'm yn dallt pwy 'di dy nain di.' Ond dwi'n reit falch ohono fo – mae pobol yn dal i sôn am Leslie Wynne.

Stand-yp

Mae gan nifer o gomedïwyr ochr dywyll, ddwys a difrifol, ac mae pobol yn gofyn yn aml os ydw i fel'na. Wel, mae'n ddrwg gen i'ch siomi chi, ond nac'dw, dwi ddim fel'na o gwbl. Mi wna i osgoi unrhyw beth os dwi'n gwbod y bydd o'n gneud i mi deimlo'n isel. 'W, dwi'm yn lecio'r syniad yna ryw lawer. Wna i mo'i neud o, 'ta. Hawdd!'

Ond mi ges i gyfnod yn gneud sioe 'The Worst Zoo in Britain' yng Ngŵyl Caeredin yn 2008, pan wnaeth petha ddim gweithio fel ro'n i wedi gobeithio. Mi es i i ddyfnderoedd yn fan'no. Ro'n i'n teimlo fel rhoi'r gorau iddi, ac isio mynd adra, ond mi ddois i drwyddi. Y peth oedd, ro'n i'n gneud sioe awr o hyd, ac yno am fis cyfan. Mae hynny'n dipyn o amser i fod i ffwrdd oddi wrth y teulu, oddi wrth ffrindia ac yn bell o nghynefin, ond fy newis i oedd o. (Er, mi ddaeth y teulu i fyny i ngweld i hefyd, felly do'n i ddim ar fy mhen fy hun am y mis cyfan.)

Dal i wenu yng Nghaeredin, ond ewadd oedd hi'n anodd!

Mi oedd gneud sioe un dyn yn risg, ro'n i'n gwbod hynny, ond wnes i ddim sylweddoli pa mor anodd fydda hi. Roedd hynny'n ergyd i mi. Ond mi wnaeth o uffar o les i mi hefyd. Dwi wedi bod yn mynd i Gaeredin ers blynyddoedd bellach – ugain mlynedd mae'n siŵr, a deg o'r rheiny heb golli 'run flwyddyn – ac ro'n i isio profi'n hun yno efo sioe hir, nid rhyw sioe stand-yp chwarter awr.

Ond un peth dwi wedi'i ddysgu ydi mai pres sy'n rheoli yno. Er bod gen i'r freuddwyd yma mai fel arall y mae hi, y gwir amdani ydi fod arian yn rheoli yng Ngŵyl Caeredin fel ym mhobman arall. Hynny ydi, os nad oes gynnoch chi gefnogaeth asiant a chwmni masnachol tu ôl i chi, mae'n anodd iawn gneud argraff. Mae gan bob asiant ei diriogaeth ei hun, a chefnogaeth ariannol ar gyfer hysbysebu ac yn y blaen. A chewch chi ddim rhannu *flyers* a gosod posteri ar dir rhywun arall. Cwmni masnachol ydi'r Edinburgh Fringe ei hun erbyn hyn, ac mae 'na ffrinj ar y ffrinj bellach.

Ro'n i'n meddwl ar y pryd fod y niferoedd ddaeth i ngweld i'n siomedig. Mi gawn i gymaint â phedwar deg mewn theatr oedd yn dal pum deg ambell noson, ond mi ges i lawer llai hefyd. Tri oedd yn y theatr un noson – a fi oedd un o'r rheiny. Ond erbyn deall, mae 'na rai yn cael *neb* yn dod i'w gweld nhw, felly doedd o ddim yn gwbl anobeithiol, ond doedd yr ymateb ddim mor dda ag y baswn i wedi'i ddymuno. Mi o'n i'n meddwl i mi fy hun, 'Tudur, mi wt ti'n ddeugian oed, a'r syniad ydi mwynhau dy hun!'

Mi oedd hi'n glec i'n hyder i ar y pryd, ond os nad wyt ti'n trio rwbath, ti byth yn gwbod. Taswn i heb ei neud o mi faswn wedi bod yn meddwl amdano am weddill fy oes. Erbyn rŵan dwi'n sbio'n adeiladol ar y peth ac yn meddwl pa mor lwcus ydi pobol fel fi yma yng Nghymru i gael y Llywodraeth yn ein noddi ni i neud be ydan ni'n neud. Mae 'na bwll mawr allan yn fan'na, ac mae 'na filoedd o bobol mwy talentog na fi yn Lloegr yn gneud hyn fel hobi.

Dwi wedi'i gael o allan o fy system rŵan a dwi'n sylweddoli bod raid gweithio'n galed i gyrraedd safon, achos nid ar chwarae bach mae gneud sioe fel hyn. Ond mi ddysgodd i mi gadw fy nhraed ar y ddaear, a gneud i mi sylweddoli: Tudur – dwyt ti ddim mor dda ag wyt ti'n feddwl wyt ti. A does 'na ddim byd gwell na gweithio'n galed. Mi fedri di gôpio efo ambell noson wael bob hyn a hyn. Mae noson dda'n gneud i ti ysu am gael gneud mwy, ac mae noson wael yn dy ddysgu di i neud yn well y tro nesa.

Yn bendant, o noson wael mae rhywun yn dysgu yn y gêm yma.

tudur owen | dangos fy hun

44

'The Worst Zoo' – go iawn

Dwi'n gneud fersiwn Gymraeg o'r sioe erbyn hyn, hefyd – mae hi bellach yn awr a hanner o hyd ac yn gweithio'n tsiampion, rhaid i mi ddeud. Dwi wedi dod â mhrofiadau yng Nghaeredin i mewn i'r sioe hefyd. Mae elfennau'r stori i gyd yn wir, er mod i wedi rhoi stretsh ar betha ar gyfer y sioe.

Tua diwedd y 1970au oedd hi. Mi oedd fy nhad, fel dyn busnas da, yn un am arallgyfeirio a chwilio am unrhyw gyfle i neud arian. Mi oedd 'na foi o Benllech neu rwla, a chanddo fo gasgliad o anifeiliaid yn fan'no. Mi ddaeth i ddealltwriaeth efo fy nhad y gallai o sefydlu math o barc anifeiliaid yn Glantraeth. Mi oedd 'na dipyn o dir yn sbâr yn fan'no, a Dad yn meddwl y basa fo'n tynnu mwy o bobol i'r bwyty. A duwcs, mi aeth yn iawn yno am un haf – efo moch cwta, cwningod, geifr a phetha felly. Mi oedd Mam yn gneud te pnawn, ac roeddan nhw a'r boi yn gweithio'n iawn efo'i gilydd. Mi fydda tripiau ysgol yn dod yno a phopeth yn tsiampion – tan i'r boi 'ma fynd yn rhy uchelgeisiol a dechrau cael anifeiliaid mwy egsotig. Roedd ganddo fo adar a mwncwns yno cyn bo hir.

I dorri stori hir yn fyr, dros gyfnod o ddwy neu dair blynedd mi adeiladodd o'r casgliad mwya rhyfeddol o anifeiliaid yn Glantraeth. Mi oedd 'na lew mewn caets hollol anaddas, wedi'i neud o'r stwff 'na sy'n cael ei ddefnyddio i gryfhau concrit. Roedd 'na *chimpanzee* yno, a walabis, a rhyw dylluan fawr. Ond roedd 'na olwg drist ar lawer o'r anifeiliaid druan. Doedd gan y boi ddim

'The Worst Zoo in Britain'. Wyddech chi mai 'Trudy Tearful' o'n i pan o'n i'n ifanc?

trwydded i neud hyn, mae'n debyg, a doeddan ni ddim wedi tsiecio hyn.

Mi ymddangosodd hanes y sŵ ar dudalen flaen y *News of the World* dan y pennawd 'The Worst Zoo in Britain', ac mi ddiflannodd y boi. Daeth yr RSPCA yno a deud wrthan ni i sortio'r peth allan, 'ac mi wnawn ni'ch helpu chi'. Ond y gwir amdani oedd, roedd yr RSPCA yn cymryd cyfrifoldeb am y llew a'r petha peryg, ond roedd 'na fwncïod a porciwpeins a walabis a phetha felly, a ni oedd yn gyfrifol am ffeindio cartrefi i'r rheiny. Ac os basa rwbath yn digwydd iddyn nhw, ni fasa'n gyfrifol. Dros gyfnod, bu'n rhaid i ni gadw rhai ohonyn nhw yn y ffarm. Roeddan ni'n cael ffrwythau o siop leol, a chywion ieir diwrnod oed wedi marw o ffermydd ieir cyfagos. Roedd gynnon ni *kinkajou* (honey bear) ar y ffarm am ryw dair blynedd, ond mi gawson ni wared ar y rhan fwya o'r anifeiliaid i gartrefi a pharciau tebyg.

Ond un diwrnod, mi oedd hi'n banics llwyr acw. Roedd un o'r walabis wedi dengid! Wrth lwc, roedd pobol yn gwbod mai ni oedd pia fo, ac mi gawson ni sawl galwad ffôn. Roedd hi'n ddigon hawdd gweld pa ffordd roedd y walabi wedi mynd: mi aeth i Falltraeth i ddechrau, wedyn ar draws y cob i Niwbwrch, ymlaen i Frynsiencyn ac yn ei flaen o fan'no am Bont Britannia. Roedd yr hen gono'n hwylio i fynd drosodd i'r tir mawr.

Mi fuo raid ffonio British Rail ac fe stopiwyd y trenau a phob dim. Aeth fy mrawd a fi i un pen i'r bont efo rhwyd bysgota, a Dad y pen arall efo bag o giwana i neud sŵn. Sôn am bantomeim, hogia bach! Ond mi weithiodd ac mi lwyddon i'w ddal o yn y diwedd. Mi oedd y stori yn y papurau ac ar y teledu a bob dim.

Mae honna'n well stori na'r un wnes i ar gyfer y sioe, ond mi oedd y diweddglo mor od fel y gwnes i un newydd, achos dwi'm yn meddwl y basa pobol wedi coelio'r diweddglo go iawn.

Y 'British stand-up comedy circuit'

Dwi ar gylchdaith y clybiau comedi ers dipyn rŵan. Clybiau sy'n cael eu cynnal ledled Prydain mewn pob math o lefydd, o stafelloedd uwchben tafarndai i theatrau a chlybiau, ydi'r rhain, ac mae 'na gannoedd o gomedïwyr ar y gylchdaith. Nid yr un gylchdaith â'r Working Men's Clubs ydi hi; mae honno'n wahanol, gyda chynulleidfa wahanol, a chomedïwyr mwy 'traddodiadol'.

Pen yr ystol i'r rhan fwya o gomedïwyr ym Mhrydain ydi ymddangos ar raglen deledu fel *Live at the Apollo* ar BBC1, ond mae hi'n siwrne hir a chaled i gyrraedd y brig. Mae'n rhaid dechrau yn y gwaelod drwy grwydro o gwmpas y wlad yn gneud sbots byrion sy'n cael eu galw'n 'open spots'. Tua deg munud o hyd ydyn nhw fel arfer – am ddim tâl o gwbl – ond dyna'r unig ffordd i gael profiad, sylw a lle ar yr ystol. Heddiw, wedi rhai blynyddoedd ar y gylchdaith, mi faswn i'n deud mod i ryw fymryn yn is na chanol yr ystol honno.

Y rheswm dwi'n gneud stand-yp ydi er mwyn cael ymarfer fy nghrefft, magu hyder, caledu fy hun a magu croen tewach. Bum mlynedd yn ôl, doedd gen i ddim hyder i fynd o flaen cynulleidfa heb sgript, ond mae'r profiad ar y *circuit* wedi rhoi'r hyder yna i mi.

Dwi'n trio ymlacio ar lwyfan fel taswn i'n siarad efo fy ffrindia mewn tafarn. Ar y gylchdaith mae 'na le o'r enw The Comedy Store yn Llundain, lle mae rhai o'r enwau mawr yn perfformio. Mae rhywun yn gorfod gweithio'n galed am flynyddoedd i gael ei wahodd i berfformio yno.

Ond mae 'na gyfle i gomedïwyr fel fi – sydd ddim yn adnabyddus – berfformio yno, mewn system o'r enw King Gong.

Mae o'n gweithio fel hyn: mae noson yn cael ei chynnal yn eu clwb ym Manceinion, ac mae gynnoch chi MC a chynulleidfa. Mae pob comedïwr sy'n trio am le yn y Comedy Store yn mynd o flaen y gynulleidfa ac yn gneud ei act. Mae aelodau o'r gynulleidfa'n cael cerdyn coch, ac os ydi'r comedïwr yn cael tri cherdyn coch mae o'n clywed y gong, ac mae o'n gorfod dod oddi ar y llwyfan. Dwi wedi ennill nosweithiau fel hyn ddwywaith, ond dwi hefyd wedi cael y gong unwaith. Dydi o ddim yn rhywbeth i'ch gneud chi'n well comedïwr, ond mae'r Comedy Store yn cymryd sylw ohonoch chi drwy'r system yma.

Coroni King Tudur ddy Ffyrst yn The Comedy Store!

Y cam nesa ydi cael sbot deg munud ar nos Iau yn y Comedy Store, a dwi'n ffodus iawn i fod wedi cael ymddangos yno bum gwaith. O'n, mi o'n i'n nerfus ofnadwy'r tro cynta. Mi es i yno'n llawer rhy gynnar i ddechrau efo hi – cyn i'r gynulleidfa gyrraedd. Yn y stafell tu ôl i'r llwyfan mae 'na luniau o gomedïwyr mawr ar y wal, a negeseuon hefyd.

Roedd Milton Jones, Ross Noble a Dave Fulton yno ar y noson gynta, ac mae comedïwyr hefyd yn defnyddio'r lle fel clwb cymdeithasol ac yn galw heibio am sgwrs, hyd yn oed os nad ydyn nhw'n perfformio, felly mi gewch rai o'r rhain hefyd yn y stafell gefn llwyfan.

Mae 'na sgrin fach yn y stafell gefn yn dangos y llwyfan, ac mi oedd hynny'n cynyddu'r tensiwn y tro cynta. Yna mi dach chi'n clywed eich enw, ac mae'n amser mynd. Dim ond drws sy rhwng y stafell gefn a'r llwyfan, felly dach chi yno o flaen y gynulleidfa'n syth. Mae o'n brofiad anhygoel – sefyll ar y llwyfan bach 'ma efo pedwar cant o bobol yn gwylio – ac mi oedd hi'n anodd canolbwyntio'r tro cynta, achos do'n i ddim cweit yn coelio mod i yno.

Mi es i i lawr yn iawn yno, diolch byth. Mae perchennog y clwb, Don Ward, bob amser yn dod i lawr ar nos Iau, ac yn gneud nodiadau ar eich set a rhoi beirniadaeth ichi ar y diwedd. Mi ddwedodd wrtha i, 'You did well, but you were very nervous. I want to see you again. Keep practising and come back to see me again.'

Dim sôn am Gymru

Peth arall sy'n fy ngwylltio i ydi pan dwi'n mynd i gìgs comedi, yn enwedig yng Nghaeredin, lle mae'r comedïwr yn aml iawn yn deud: 'Where are the Scots?' ac mae 'na griw'n gweiddi, 'Hooray!' 'Where are the English?' – 'Hooray!' 'Where are the Irish?' – 'Hooray!' A dw inna'n fan'no'n barod i weiddi 'Hwrê!' dros Gymru, a dydi o'n deud *dim byd*! Dim sôn am y Cymry! Ac mae hynny'n digwydd yn aml. Mi glywais i'r canwr Donovan ar y teledu'n ddiweddar yn sôn am y traddodiad canu Celtaidd, a dyma fo'n enwi'r Alban, Iwerddon ac ati – a dim gair am Gymru! Mae 'na ryw anwybodaeth am 'yn gwlad ni, hyd yn oed o fewn gwledydd Prydain. Mae'r peth yn anhygoel, ac mae o'n fy ngwylltio i!

Mi wnaeth y rhaglen *Top Gear* ypsetio pobol Mecsico'n ddiweddar ac mi fuo raid i'r BBC ymddiheuro, ond wnaethon nhw mo hynny pan wnaeth Anne Robinson ein sarhau ni rai blynyddoedd yn ôl. Yr un peth yn union ydi o.

Hwyrach ein bod ni'n rhy barod i'w dderbyn o, achos y munud dach chi'n cwyno, maen nhw'n deud, 'O, fedrwch chi'r Cymry ddim cymryd jôc. Dowch o 'na!' Ond dydach chi ddim yn cael deud jôcs Gwyddelig a phetha rŵan – mae'r rheiny wedi mynd – a 'sa fiw i neb ddeud y math yma o beth am Bacistan neu rwla felly, na fasa?

Mae hynna'n fy nghorddi i. Mae 'na rwbath mwy sinistr tu ôl iddo fo na 'banter' (fel mae rhai o'r bobol yma'n ei alw fo), dwi'n meddwl, yn enwedig pan dach chi'n ystyried y ffaith fod 'na fygythiad go iawn i'n diwylliant ni.

Y grefft o gomedïa

Mae bod yn gomedïwr yn wahanol i unrhyw fath arall o adloniant. Clywed pobol yn chwerthin ydi'r ganmoliaeth orau gewch chi – mae o'n digwydd yn y fan a'r lle. Mae o'n ddidwyll, a fedr neb ei ffugio fo, a dwi'n lecio hynny. Mi wyddoch yn iawn eich bod chi'n dda neu'n wael pan mae pobol yn chwerthin – neu ddim. A hefyd, mae gynnoch chi reolaeth. Mae comedïwyr yn bobol sy'n lecio rheoli petha.

Dwi'n mwynhau gweithio fel rhan o dîm. Os nad ydi petha'n gweithio, mi ydach chi'n gallu beio pob math o betha a phobol heblaw chi'ch hun. Ond efo stand-yp, chi sy'n ei reoli fo a fedrwch chi ddim beio neb arall. Does 'na le'm byd i guddio, a phan mae petha'n mynd yn dda, dach chi'n medru cymryd y clod i gyd eich hun – neu, ar y llaw arall, yn gorfod cymryd y feirniadaeth i gyd pan mae petha'n mynd yn wael.

Dwi wedi cyfarfod a gneud ffrindia ar y gylchdaith. Mae 'na *camaraderie* od rhyngddon ni. Mae pawb wedi bod ar yr un siwrne i gyrraedd yno.

Mr Methane - dwi'n cael cwrdd â bob math o bobol . . .

Colli Mam

Gweneth fy mam

Mi gollais i fy mam pan oedd hi'n 74 oed i'r clefyd ofnadwy hwnnw, Alzheimer's.

Mae pawb yn sôn fod gan eich rhieni ddylanwad arnach chi, ac mae'n wir efo Mam a Dad ond ei fod o'n ddylanwad hollol wahanol i'w gilydd. Mi faswn i'n deud eu bod nhw'n gwpwl gweddol annhebygol o fod efo'i gilydd. Dad yn ffarmwr o sir Fôn, wrth gwrs, a Mam o gefndir hollol wahanol yn Neiniolen – yn ardal y chwareli. Mam, oherwydd ei chefndir, yn sosialydd – rhonc, ar brydiau – a Dad i'r pegwn arall. Mae Dad yn ddyn busnas ac amaethwr diwyd, sy bellach wedi llwyddo i narbwyllo inna bod raid gweithio'n galed i lwyddo yn eich maes. Mae dylanwad Mam yn gryf arna i ar yr ochr ddiwylliannol. Roedd ganddi hi ddiddordeb mawr mewn cerddoriaeth a drama a llyfrau Cymraeg, ac mi gyflwynodd yr ochr yna i fywyd imi ers pan o'n i'n ddim o beth – yn cynnwys helpu efo ngwaith cartref, a cheisio fy annog i weithio. Mi oedd hi'n un dda am siarad yn gyhoeddus, ac roedd hi wastad yn gwbod be i'w ddeud os oedd angen 'deud gair' yn rhywle, weithia ar achlysuron anodd. O ran hynny, roedd Dad hefyd yn berffaith gyfforddus yn siarad yn gyhoeddus, ac wedi hen arfer gneud.

Dwi'n teimlo mod i wedi gadael Mam i lawr braidd, achos mod i heb weithio yn yr ysgol. Mi ddaeth o i gyd i ryw fath o drobwynt yr adeg gwnes i wrthod dal ati efo'r gwersi piano, a hithau'n deud nad o'n i'n cael mynd ar y criws 'na. Dwi'n siŵr ei bod hi wedi deud petha fel, 'O, rhyngtho fo a'i betha. Dwi wedi trio.' A wedyn yr hen gyfnod annifyr 'na pan o'n i yn fy arddegau.

Ond dwi'n falch ei bod hi wedi cael y cyfle i ngweld i wedyn wedi ffeindio fy ffordd ac wedi sefydlu fy hun o ran gwaith, ac wedi dod trwyddi.

Yn Eisteddfod Môn yn Berffro y cafodd hi'r gyfle i ngweld i'n dechrau ar y trywydd yma. Roedd hwnnw'n hen ddiwrnod od. Dyna'r tro cynta sylwis i ei bod hi ddim yn dda, a dyna pryd y gwelodd hi fi'n perfformio am y tro cynta – er mai dim ond arwain cyngerdd yn yr Eisteddfod ro'n i. Hi oedd Llywydd y Dydd ac mi wnaeth araith yno. Roedd hi dros y siop i gyd, yn ffwndro a methu ffeindio'i geiriau. Wnes i feddwl, pan ddaw hi o'r llwyfan 'na mi fydd hi mor flin efo hi ei hun, ond wnaeth hi ddim sylweddoli bod 'na ddim byd o'i le. Dwi'n cofio hi'n sbio arna i a deud, 'Be oeddat ti'n feddwl – oedd hi'n iawn, 'doedd?' Wnes i mond deud, 'Oedd, Mam, mi oedd hi'n iawn.'

Wnaethon ni sylwi wedyn ei bod hi'n anghofio enwau a phetha fel'na, ac roeddan ni'n meddwl mai jest Mam yn bod yn sgati oedd o, achos roedd hi wastad wedi bod rhyw fymryn yn sgati. Ond yn raddol aeth petha o ddrwg i waeth ac mi

sylweddolon ni bod 'na broblem go iawn. Roedd 'na diwmors bach yn ei hymennydd hi i ddechrau – arwydd o'r Alzheimer's – er mi gymerodd flynyddoedd i ni gael diagnosis. Ond roeddan ni'n gwbod ei bod hi'n sâl iawn achos mi oedd hi'n gweld petha ar un adeg – yn halwsinetio, waeth ichi ddeud – ac yn beryg iddi hi ei hun, felly doedd 'na ddim posib iddi fod adra. Roedd o'n gyfnod erchyll, lle roeddan ni heb gael diagnosis ond yn gwbod bod 'na ddim troi'n ôl, a'i fod o'n rhywbeth oedd yn dirywio. Yn y diwedd, gafon ni wbod mai Alzheimer's neu dementia oedd o. Cyfnod ofnadwy, achos mi barodd flynyddoedd.

Mi oedd hi wedi dod i sylweddoli bod rhywbeth ddim yn iawn. Roedd hi'n gorfod mynd am brofion, ac roeddan nhw wastad yn gofyn ei henw a'i hoed hi. Un tro, mi ffeindion ni dameidiau bach o bapur roedd hi wedi'u rhoi y tu mewn i'w sbectol efo'r manylion hynny arnyn nhw – ei henw

Dad a Mam

Amser porthi yn Trefri - Mam wrth yr Aga

a'i dyddiad geni, achos doedd hi ddim isio cael y petha hynny'n anghywir. Mi oedd hynny'n uffernol.

Roeddan ni'n lwcus bod 'na gymaint ohonon ni fel teulu i rannu'r baich a dod at ein gilydd. Roedd hi'n broses hir o ddirywio, ac mae'n ofnadwy o greulon sut mae hyn yn dwyn atgofion a dychymyg rhai sy'n diodda o'r salwch. Felly bob tro ro'n i'n mynd i'w gweld hi, roedd hi'n mynd yn waeth ac yn waeth. Mi oedd o'n gyfnod hunllefus. Fydda 'na ryw fflachiadau bach weithia pan oedd hi'n dod allan ohono fo jest am ychydig eiliadau. Mi fydda hi'n gwbod pwy o'n i, ac yn gofyn, 'Sut mae'r plant, ydyn nhw'n iawn?' A dyna fo, fydda hi'n mynd eto. Roedd o fel teledu ar y blinc: dim llun am hir, ac wedyn popeth yn glir am ychydig eiliadau, ac yn diflannu eto wedyn.

Roeddan ni'n gweld o'r sgans fod ei hymennydd hi jest yn pydru'n raddol. Yn disgyn yn ddarnau, yn marw – a does 'na uffar o ddim byd fedrwch chi'i neud amdano fo. Mi fuodd hi'n sâl am ryw bum blynedd ac yn sâl iawn am ddwy o'r rheiny, lle roedd hi'n gorfod cael gofal mewn cartref diogel arbennig ar gyfer cleifion â salwch meddwl. Mae 'na argyfwng, dwi'n meddwl – wrth i'r boblogaeth heneiddio, mae 'na fwy a mwy yn cael hwn, a does 'na ddim adnoddau digonol ar eu cyfer nhw.

Mi aeth hi yn y diwedd, ac roedd hynny'n goblyn o glec, wrth gwrs, er bod rhywun yn falch ei bod hi wedi cael rhyddhad o'r holl beth. Mae Dad wedi côpio'n dda iawn, chwarae teg. Mae o wedi cymryd amser i mi anghofio am y salwch hefyd, achos tan yn weddol ddiweddar, pan fyddwn i'n meddwl am Mam, fyddwn i wastad yn meddwl amdani yn y cartref 'na, a'r lle'n drewi a golwg ofnadwy arni hi. Ond mae amser yn helpu, ac fel mae o'n mynd heibio dwi'n medru anghofio am y cyfnod yna a'i chofio hi fel roedd hi cynt. Dwi'n gweld ei cholli hi'n ofnadwy, ond mi fasa hi'n falch o ngweld i'n hapus rŵan.

Y plant efo Nain a Taid

Mor falch fod y ddau wedi cael nabod Mam am sbel

Mam a Martha

Y plant

Mi fydda i'n edrych ar y plant o dro i dro (pan fyddan nhw'm yn sylweddoli bod Dad yn sbio, wrth gwrs), ac yn rhyfeddu at y bobol bach 'ma sy'n datblygu o mlaen i. Mae'n anhygoel eu gweld nhw'n tyfu ac yn datblygu, 'yn tydi?

Mi gafodd Jona ei eni yn 1998, chwe blynedd ar ôl i ni briodi, ac mi ddaeth Martha dair blynedd ar ei ôl o. Mi wnaeth Sharon a fi fwynhau'r cyfnod cyn cael y plant yn fawr iawn, ond wedyn mi newidiodd ein byd ni'n llwyr pan ddaeth y ddau, ac mae'r cyfnod wedyn wedi bod yn anhygoel.

Dad, gan Jona

Mae'n reit cŵl bod Dad ar y teledu, ac yn enwog, ond mae'n gallu bod yn embarasing ar adegau. Dwi'n cael fy herian gan rai, yn enwedig am PC Leslie Wynne – deud bod Dad yn hoyw a ballu! Ond dwi'n falch iawn o'i weld o ar y teledu. Mae'n hwyl.

Mae o o hyd yn gneud i ni chwerthin adra hefyd – jest trwy fod yn stiwpid. Rydan ni'n malu awyr drwy'r amser adra. Dwi'n lecio gwylio comedïwyr eraill a dwi'n dangos petha i Dad ar YouTube – rhai fasa fo ddim yn eu gweld fel arall, dwi'n siŵr. Russell Howard ydi'r comedian gora'n y byd – mae o'n well na Dad, hyd yn oed!'

Dad, gan Martha

Dwi ddim yn meddwl amdano fo fel rhywun enwog, dwi jest yn meddwl amdano fo fel Dad. Weithia mae'n teimlo dipyn bach yn rhyfedd ei weld o ar y teledu, ond dwi wedi arfer efo fo rŵan. Mae llwyth o bobol yn yr ysgol yn deud: 'O, mae dad chdi'n ddigri', ac mae 'na lwyth o bobol yn meddwl ei fod o'n blisman go iawn! Mae'n braf clywed pobol yn deud petha fel'na. Adra, mae o'n herian fi a nghosi fi drwy'r amser, a tynnu nghoes i. Mae o'n grêt.

Bywyd Perfformiwr

'Marw' ar lwyfan

Mae 'marw' ar lwyfan yn rhan o fywyd comedïwr. Mi ges i fy sbwylio yn y Glanrafon, Benllech, ar fy noson gynta, ac mi roddodd hynny'r syniad i mi mai fel hyn roedd hi am fod, ac mi ges i gwpwl o gìgs eraill da yn fuan ar ôl honno. Ond dwi'n cofio mynd i Benmaendyfi, ger Pennal, a gneud deg munud o set heb gael smic yn ôl gan y gynulleidfa. Criw o ffarmwrs oeddan nhw, ac ro'n i'n rhoi'r bai arnyn nhw i ddechrau. Ond, wrth gwrs, fy mai i oedd o.

Mae o'n dal i ddigwydd rŵan ac mae o'n brofiad swreal bron. Mi o'n i yn Leeds rywbryd yn gneud sbot agoriadol mewn rhyw Art House o flaen cant a hanner o bobol ganol oed. Mi ddechreuais i fynd yn nerfus a dechrau siarad efo un yn y gynulleidfa, a wnaeth hynny ddim gweithio. Aeth fy ngheg i'n sych grimp, a phan ddywedais i'r *punchline* cynta ches i ddim ymateb o gwbl! Mi es i ymlaen i'r nesa a chael yr un ymateb. Wedyn mi wnes i'r camgymeriad o ddechrau deud stwff mwy coch, ond wnaeth hynny ddim gweithio chwaith. Mi es i oddi ar y llwyfan efo'r teimlad mwya afiach. Ro'n i'n dreifio adref ac yn dadansoddi petha er mwyn dysgu o'r camgymeriadau. Y wers yn yr achos yma oedd – paid â chrwydro'n rhy bell o dy stwff arferol, na dechrau siarad efo rhywun yn y gynulleidfa, a sticia at be wyt ti'n wbod.

Mae gen i fwy o ddeunydd erbyn hyn, ac oherwydd hynny mae'n llawer iawn haws addasu ar gyfer gwahanol gynulleidfaoedd, o glwb rygbi i noson lawen mewn festri capel. Ymhlith comedïwyr Cymru, mae 'na un sy'n sefyll allan i mi, ac mae o wedi bod yn dipyn o ddylanwad arna i: Charles Williams. Nid deud jôcs un ar ôl y llall fydda fo, ond adrodd hanesion am bobol, ac yn hynny mi oedd o o flaen ei amser. Roedd o'n ddylanwad mawr arna i'n blentyn, a dwi'n ei gofio fo'n dod acw i Drefri a Glantraeth. Mi oedd gan fy nhad dâp ohono fo yn y fan, ac mi ges i gyfle i sylwi mor glyfar oedd o. Nid yn unig roedd ei amseru fo'n berffaith, ond weithia mi fydda jest ei ebychiadau'n ddigon i gael pobol i chwerthin.

Y busnes teli 'ma

Mae'r busnes teli 'ma wastad yn gneud i mi feddwl nad ydi o'n waith go iawn. Ella mai rhywbeth Cymreig ydi o, neu rywbeth cefn gwlad ella, ond mae gen i gywilydd, bron iawn, deud be dwi'n neud. Mi fasa'n well gen i ddeud wrthyn nhw mod i'n dreifio lorris neu'n gneud rhyw joban go iawn felly. Dydi teledu ddim yn realiti, rwsut, ac er mod i'n gneud bywoliaeth bach braf ohono fo, dwi'n ei drin o bron fel, 'O, dim ots os na cha' i fynd ar y teledu eto. Mae o wedi para reit dda tan rŵan.' Mae o'n beth od.

Mae'n gallu bod yn waith caled, ond dwi ddim yn meindio hynny am ei fod o'n rhywbeth dwi'n ei fwynhau. Ac mae ymateb da gan y rhan fwya o bobol yn hwb i gario mlaen. Ti byth yn mynd i blesio pawb bob tro. Pan dwi'n gneud stand-yp, mae 'na wastad rywun sy ddim yn mynd i chwerthin o gwbl. Ac fel arfer maen nhw'n ista reit yn y ffrynt, ac mae o'n gallu chwalu pen rhywun. Ond yn amlach na pheidio hefyd, y nhw ddaw i fyny atoch chi ar ddiwedd sioe a deud, 'Duwcs, mi wnes i fwynhau hynna'! Wrth gwrs, mae 'na rai wneith ddim mwynhau, ond os fedra i neud i wyth allan o ddeg o bobol chwerthin, mi wna i gario mlaen. Mae isio dechrau poeni os ydi o'n mynd yn llai na hynny. Os oes 'na draean o'r gynulleidfa ddim yn 'ych lecio chi, mae isio meddwl o ddifri.

Gair ola cyn y Sioe efo'r cynhyrchydd, Dylan 'Dygs' Huws

Gweithio efo Tudur, gan Dylan Huws

(Cyd-gynhyrchydd Sioe Tudur Owen *efo iôrs trwli)*

Mae Tudur yn cymryd y busnas comedi 'ma o ddifri. Mae o'n gweithio ar ei grefft byth a beunydd, ac mae o'n greadur manwl iawn hefyd. Hynny ydi, mi eith i fanylder ynglŷn ag un gair mewn rwtîn. Mae o'n gweithio'n galed ar ei act drwy'r amser. Er enghraifft, er ei fod o'n ymddangos fel petai o newydd neud rwbath i fyny yn y fan a'r lle, mi fydd o wedi gweithio'n galed ar ei ad-libs. Nid pob un ohonyn nhw, wrth reswm, ond mae o'n rhan o'r paratoi trylwyr mae Tudur yn ei neud. Mae o hefyd yn ofnadwy o sgati – mae o'n meddwl am tua deg peth ar unwaith weithiau.

O weithio efo fo ar *Sioe Tudur Owen*, dwi wedi dod i sylweddoli bod ganddo fo safonau a disgwyliadau uchel, ac mae'n disgwyl i bawb arall fod felly hefyd. Mae o'n berffeithydd, i'r graddau ei fod o'n methu gadael i betha fynd weithiau. Mae o'n byw'r peth bedair awr ar hugain. Mae o hefyd yn gweithio'n frwd efo pobol eraill i geisio codi safon comedi yng Nghymru, er mwyn annog mwy o bobol i gymryd rhan ac i greu cylchdaith gall yng Nghymru ar gyfer comedïwyr. Mae'n bleser gweithio efo fo am ei fod o'n cymryd ei grefft o ddifri, ac yn rhoi cant y cant bob tro.

Ar y radio

Dwi'n cyflwyno rhaglen radio yn rheolaidd, a dwi'n hapus iawn yn gneud hynny. Wrth fy modd. Mi o'n i wedi clywed llawer o bobol yn sôn bod radio'n gyfrwng braf i weithio ynddo, ond do'n i ddim cweit yn dallt be oedd mor braf amdano. Ond wedi'i neud o, dwi'n dallt yn iawn. Mae 'na rwbath agos atoch chi amdano fo ac, i mi, dyna'r peth agosa fedrwch chi gael at neud stand-yp. Dim camerâu, a medru teimlo'r cysylltiad efo'r gynulleidfa. Mae'r weithred o wrando ar y radio hefyd yn rwbath eitha agos atoch chi, felly dwi'n teimlo mod i'n cysylltu efo unigolion, a dwi'n hoff iawn o hynny. Dwi'n trio bod mor naturiol â phosib, a chael dipyn o hwyl.

Peth arall dwi'n ei fwynhau amdano fo ydi rheoli'r ddesg – chwarae'r recordiau, agor y llinellau ffôn, a'r meicroffonau – bob dim felly. Mae'r ochr dechnegol yn apelio ata i. Dwi wedi bod yn gweithio

Manon Rogers yn dal i wenu er yr holl dynnu coes

desg i reoli mwy nag un camera mewn stiwdio deledu, ac mi o'n i wrth fy modd yn gneud hynny hefyd.

Mae 'na bobol eraill yn gweithio efo fi ar y rhaglen radio bnawn Sadwrn, wrth gwrs, ac mae'n braf cael yr elfen honno. Efo comedi mae'n rhaid i chi gael rhyw fath o gynulleidfa er mwyn cael bownsio petha oddi ar eich gilydd; mae'n anodd iawn ei neud o jest i'r meicroffon. Mae o'r un fath â 'double acts' mewn comedi – mae'n rhaid cael un strêt, fel ffoil i'r un doniol.

Plismyn iaith

Mi fydda i'n trio cadw safon fy iaith ar y radio a'r teledu hynny fedra i. Ond er mod i'n ymwybodol o'r angen i gadw safon, dwi *yn* meddwl bod 'na bobol sy'n gneud lot fawr o ddrwg wrth danseilio a beirniadu a phigo drwy'r adeg. Maen nhw'n gneud drwg i'r iaith Gymraeg yn y pen draw. Mae gen i lot o ffrindia oedd yn yr ysgol efo fi sydd fwy na heb wedi troi eu cefnau ar y diwylliant Cymraeg. Maen nhw'n dal i siarad yr iaith, ond dydyn nhw ddim yn teimlo eu bod yn rhan o'r diwylliant am eu bod wedi cael llond bol o'r elfen o orfodaeth maen nhw'n ei chysylltu â'r iaith Gymraeg. Dydyn nhw byth yn edrych ar S4C, byth yn darllen unrhyw lyfr Cymraeg. 'O na, dydi fy Nghymraeg i ddim digon da' ydi'r gân bob tro, ac mae hynny'n 'y nghorddi fi, achos mae eu Cymraeg nhw'n iawn. Felly, dwi'n mynd yn flin efo'r plismyn iaith 'ma. Dwi'n gwerthfawrogi clywed Cymraeg graenus, mae o'n beth braf i'w glywed ac mae isio anelu at hynny, ond mae isio rhoi'r gorau i feirniadu pobol o hyd.

Ffraeo

Hefyd, yng Nghymru, wnawn ni ddim derbyn 'pawb at y peth y bo'. Hynny ydi, hwyrach na tydach *chi* ddim yn hoff o rwbath, ond mae 'na bobol eraill (pobol hŷn, ella) sy'n ei hoffi fo.

Mae S4C a Radio Cymru'n cael eu beirniadu drwyddi draw am neud rwbath neu'i gilydd o'i le. Wel, mae hi'n anodd plesio pawb efo unrhyw fath o adloniant poblogaidd yng Nghymru, achos gwlad fach ydi hi ac mae'n rhaid i ni apelio at bob oedran, at bob chwaeth, a phob rhan o gymdeithas. (Er, dydw i ddim yn cadw cefn y ddau sefydliad yn llwyr, achos mae 'na flerwch wedi bod yn y ddau le ar hyd y blynyddoedd.)

Mi ydan ni'n hoff iawn o ffraeo ymysg ein gilydd, ac wedi'i neud o erioed, ac mae o'n dod i ryw fath o binacl yn y Steddfod bob blwyddyn. Mae 'na ryw gymaint o undod yn fan'no sy'n para am chydig, cyn i'r ffraeo ailddechrau eto. Mi faswn i wrth fy modd tasa gynnon ni fwy o hyder ynddon ni'n hunain. Dyna be ydi o yn y diwedd.

Yr ochr arall i'r geiniog ydi hyn: pan mae 'na fygythiad go iawn, mi ddown ni at ein gilydd, fel rydan ni wedi gweld efo S4C yn ddiweddar. Mae pawb am achub S4C rŵan. Ella nad ydi hi'n plesio pawb bob amser, ond ein sianel ni ydi hi – a meiddiwch chi geisio mynd â hi oddi arnon ni!

Sharon a finna

Fel rydan ni'n mynd yn hŷn, mi ydan ni'n dau'n mynd yn debycach mewn amryw o ffyrdd – hynny ydi, mae'n debyg, mi ydan ni'n dod i nabod ein gilydd yn well.

Rydan ni'r un math o bobol, ond eto mae Sharon yn wahanol i mi yn yr ystyr y gneith hi ddeud ei deud yn well o lawer na fi. Mae hi'n fwy gonast efo pobol, ond dydi pobol ddim wastad yn gallu cymryd hynny achos mae hi'n gallu bod yn rhy strêt weithia, ac yn deud yn *union* be sydd ar ei meddwl hi! Dwi'n crinjo ambell dro wrth ei chlywed hi'n deud petha ond dydi hi byth yn gas. Ar y llaw arall, mi wna i frwsio petha dan y carpad.

Mae hi'n dda efo fi, achos os ydi hi'n meddwl mod i'n cael cam neu rwbath mae

hi'n deud, 'Mae'n rhaid i chdi ddeud, mae'n rhaid i ti sortio fo allan.' Mae o'n gweithio'n iawn rhwng y ddau ohonon ni. Mae hi'n dda iawn efo pobol, yn eitha sensitif ac yn dallt pobol, lle dwi'n un gwael am ddarllen pobol. Mae Jona, y mab, yn debyg iddi hi yn hynny o beth, ac mae Martha'r ferch yn debyg i mi.

Mae Sharon a fi'n deud yn aml iawn pa mor freintiedig ydan ni – mae gynnon ni'n iechyd, gwaith, pres ac ati, ac yn byw yn y Felinheli. Fyddan ni'n deud yn aml hefyd, 'Rhain ydi'n dyddiau da ni'.

Mi ydan ni'n ffrindia mawr. Mae'n braf cael yr angor 'ma yn fy mywyd, a chael y cartra 'ma. Dwi'n gwerthfawrogi hynny, achos mae o'n fy ngalluogi i i neud be dwi'n neud. Dwi'r teip o berson ma raid iddo gael y sefydlogrwydd yma, neu mi fasa peryg i mi fynd off y rêls. Dwi'n ymwybodol iawn bod raid i mi fod yno i Sharon a'r plant, a dwi angen hynny mewn bywyd.

Y dyfodol

Fel perfformiwr, dwi'n ymwybodol fod raid i mi fod yn ofalus rhag ymddangos mewn gormod o betha. Mae hi'n ddilema barhaol pan dach chi'n hunangyflogedig. Mae'n anodd deud 'Na' i unrhyw beth, rhag ofn i chi beidio cael cynnig arall wedyn am fisoedd. Ond mae'n ddilema neis i'w chael, a dwi'n ystyried fy hun yn ffodus iawn.

Yn ddiweddar, dwi wedi tynnu allan o rai jobsys rhag i bobol 'laru clywed fy llais i. Dwi hefyd isio sgwennu stwff newydd ar gyfer fy set stand-yp – sef yr hyn sy'n bwydo'r holl beth, y sioe deledu a fy rhaglenni radio.

Dwi'n dipyn o 'boenwr' o ran gwaith, ac os nad oes gen i rwbath felly i boeni amdano, dwi'n ffeindio fy hun yn poeni am betha bach dibwys.

Ond ers i mi hitio'r 35 i 40 oed, dwi'n llawer mwy cyfforddus yn fy nghroen fy hun – yn hapusach a mwy bodlon fy myd, a ddim ar frys isio cyrraedd rwla bob munud. Dwi ddim yn berson diog ond dwi wastad wedi bod ag ofn cael fy ngweld fel rhywun diog. Dwi'n meddwl ei fod o'n deillio o ethos fy mam a 'nhad, sef bod raid cadw'n brysur drwy'r amser. Fydda Dad byth yn cymryd gwyliau os nad oedd modd eu cyfuno efo gwaith – fatha mynd i'r Royal Welsh unwaith y flwyddyn. Ac fel y clywsoch chi'n

barod, mi fydda raid i minna godi ar fore Sadwrn i helpu ar y ffarm. Yn y bôn, ella fod yr ofn yma o gael fy ngweld fel person diog yn dŵad o fan'no.

Dwi'n eitha cystadleuol – efo fi'n hun yn fwy nag efo pobol eraill, ella. Dwi hefyd yn credu, os ydi rwbath yn werth ei neud, mae o'n werth ei neud yn iawn, neu does 'na'm pwynt. Erbyn hyn dwi'n gwbod yn iawn be 'di'n ffiniau i, a wna i ddim trio rwbath os dwi'n gwbod na fedra i mo'i neud o. Ond mae o'n mynd dan 'y nghroen i'n ofnadwy os dwi'n methu gneud rwbath dwi'n gwbod yn iawn y dylwn i fedru'i neud.

Yn y dyfodol, mi faswn i'n lecio canolbwyntio mwy ar sgwennu ar gyfer pobol eraill. Dwi ddim yn gweld fy hun yn crwydro o gwmpas y wlad yn gneud be dwi'n neud rŵan – gìgs stand-yp – pan dwi 'mhell yn fy mhumdegau. Dwi'n meddwl mai'r cam naturiol nesa fydd sgwennu ar gyfer pobol eraill, neu sgwennu sgriptiau.

Ond sut bynnag y bydd hi yn y dyfodol, dwi'n siŵr bydda i'n dal i wthio fy hun i neud petha, achos mae bywyd yn rhy fyr i beidio!